MANUEL

DE

L'APPRENTI

COMPOSITEUR

TYPOGRAPHIE

MANUEL

DE

L'APPRENTI

COMPOSITEUR

PAR JULES CLAYE

IMPRIMEUR

DEUXIÈME ÉDITION

REVUE, CORRIGÉE ET AUGMENTÉE

« L'apprentissage est une œuvre capitale, irrémédiable si elle n'a pas été bien accomplie. »

HENRI FOURNIER.

PARIS

J. CLAYE, IMPRIMEUR-LIBRAIRE

7, RUE SAINT-BENOIT, 7

M DCCC LXXIV

A MES APPRENTIS

C'est pour vous, mes chers Enfants, que j'ai écrit cet Abrégé.

Puisse-t-il vous aider à devenir un jour de bons ouvriers.

Peut-être alors penserez-vous à celui qui pense à vous aujourd'hui.

J. CLAYE.

Décembre 1870.

Il ne pouvait nous venir à la pensée d'écrire un traité *in extenso* sur la matière, notre titre l'indique assez ; pareille œuvre n'est plus à faire après les remarquables travaux de maîtres tels que les Brun, les Henri Fournier, les Théotiste Lefevre. Notre tâche est beaucoup plus modeste.

Mais en ouvrant notre atelier d'apprentissage, exclusivement consacré à la composition typographique, nous avons éprouvé le regret de ne pas rencontrer un livre tout à fait élémentaire, du premier degré, une sorte de grammaire concise à mettre aux mains de nos enfants. Nous avons essayé de combler cette lacune.

Guider les premiers pas de nos élèves dans la carrière qu'ils se proposent de suivre; leur faire contracter de bonne heure les meilleures habitudes; leur inculquer, en les résumant, les principes qui régissent la composition typographique, telle a été notre intention, tout en cherchant à développer en eux le goût et le désir de s'instruire, afin que plus tard ils aillent puiser aux grandes sources, après s'être désaltérés au modeste ruisseau.

MANUEL
DE
L'APPRENTI
COMPOSITEUR

I.

MOT PRÉLIMINAIRE.

La typographie, inventée par Gutenberg vers l'an 1440, est l'art d'imprimer au moyen de caractères mobiles métalliques. Les premiers essais furent faits à l'aide de caractères gravés sur des planches en bois.

Elle fut introduite à Paris, vers 1469, par Ulrich Gering, Martin Krantz et Michel Friburger.

Le mot *typographie* est formé de deux mots grecs : τύπος (tupos), qui signifie *empreinte, figure, caractère*, et γράφω (graphô), qui veut dire *j'écris.*

La profession de typographe ou d'imprimeur se divise en trois branches d'opérations bien distinctes, savoir : la *Composition*, la *Correction*, l'*Impression*.

La Composition consiste à assembler les lettres pour en former des mots, des lignes et enfin des pages.

La Correction est la lecture faite sur une épreuve en vue de relever et d'indiquer les erreurs et les fautes de tout genre échappées au compositeur. C'est également l'action du compositeur qui fait disparaître ces fautes. Aussi dit-on *corriger sur épreuve* et *corriger sur le plomb,* parce que dans ce dernier cas on opère sur le caractère.

L'Impression est la fonction de reporter sur le papier, à l'aide d'une pression, la planche ou *forme* obtenue par la composition.

De ces trois opérations, qui n'ont entre elles aucune analogie, mais qui tendent vers le même but, la première seule fait l'objet de cet Abrégé.

Trois personnes concourent donc essentiellement à la fabrication matérielle d'un livre :

1° Le Compositeur, qui reproduit sous la forme typographique le manuscrit de l'auteur ;

2° Le Correcteur, qui relève les fautes en collationnant l'épreuve sur le manuscrit, pour s'assurer que le compositeur s'y est conformé ;

3° Enfin l'Imprimeur, chargé de l'impression proprement dite, ou tirage.

Il y a bien une quatrième personne qui donne au livre sa dernière forme, et dont la fonction est d'assembler, de plier et de coudre les feuilles imprimées : c'est le *Brocheur*. Mais le brochage, qui jadis était une annexe de l'imprimerie, n'en fait plus partie aujourd'hui, et constitue dans les grandes villes une profession particulière.

II.

LE COMPOSTEUR.

Disons d'abord quelques mots du composteur, ce petit instrument en fer qui, avec la casse, est plus particulièrement indispensable au compositeur et dont la forme ne s'est pas modifiée depuis son origine.

Comme son nom l'indique, il sert pour composer les lignes; il est formé de deux lames perpendiculaires l'une à l'autre, et longues de 15 à 20 centimètres environ; l'extrémité de droite est fermée par une petite pièce qui offre plus d'épaisseur et fait point d'arrêt; l'extrémité de gauche est libre et permet de faire glisser sur l'angle droit formé par les deux lames une clavette mobile pourvue d'une vis et d'un talon qui fait également point d'arrêt : on peut donc ainsi fixer à volonté la longueur des lignes qu'on se propose de faire. Cette dimension déterminée prend le nom de *justification*.

Il est nécessaire que cet outil soit fait avec précision et parfaitement ajusté[1].

1. Nous avons cru devoir parler du composteur, parce qu'il est l'outil principal du compositeur; mais il n'entre pas dans notre plan de décrire les nombreux instruments de travail qui se rencontrent dans un atelier de composition. Les enfants sont dans cet atelier, ils voient, ils touchent chaque jour ces objets et s'exercent à les manier. La condition particulièrement favorable à ceux dont nous nous occupons est d'être sous la direction immédiate d'un praticien exercé, chargé spécialement de leur instruction typographique; nous sommes donc, par le fait, dispensé d'entrer dans une multitude de détails qui seraient oiseux pour les personnes étrangères à l'imprimerie, et d'ailleurs nous n'écrivons pas pour celles-là. Ainsi ferons-nous à l'égard de certaines petites fonctions qui, bien qu'elles aient leur importance relative, nécessiteraient des développements hors de proportion avec l'objet traité. Ces développements, pour la plupart diffus, difficiles à comprendre et plus encore à retenir, ne profitent en rien aux élèves. Dans ces occasions, ce que nous ne dirons pas, ils l'apprendront mieux par la démonstration et en moins de temps qu'il n'en faudrait pour l'écrire.

III.

LA CASSE.

La casse est une boîte divisée horizontalement en deux grandes parties, qui se subdivisent elles-mêmes en cent dix-huit petits compartiments, dits *cassetins ;* chacun d'eux est spécialement affecté à une lettre de l'alphabet ou à un signe typographique quelconque ; la forme et la dimension de ces cassetins, semblables dans la partie supérieure, cessent de l'être dans la partie inférieure ; ces différences ont leur raison d'être : elles ont été calculées sur l'emploi plus ou moins répété de certaines lettres de la langue française. Ainsi la lettre **a** reparaît plus souvent que le **b**, le **c** plus souvent que le **p**, le **t** plus souvent que le **v**. La lettre **e** se présente dans une proportion beaucoup plus considérable qu'aucune autre de l'alphabet. De là cette différence de capacité entre les cassetins.

Une autre intention a motivé la disposition adoptée pour la partie inférieure : c'est de rapprocher de la main de l'ouvrier les lettres dont l'emploi est le plus fréquent, afin de diminuer le parcours que cette main fait constamment de la casse au composteur. Insensible pour une seule lettre, ce trajet constituerait une perte de temps préjudiciable au compositeur s'il se reproduisait plusieurs milliers de fois par jour.

Le compartiment supérieur, ou *haut de casse*, contient les grandes capitales ou majuscules, et un certain nombre de signes particuliers.

Le compartiment inférieur, ou *bas de casse*, contient l'alphabet en caractères ordinaires ou minuscules, plus les lettres accentuées, les lettres doubles, les ponctuations, les lettres supérieures, etc.

La première étude à faire est naturellement celle de la casse. Le moyen le plus prompt et le plus sûr de l'apprendre par cœur est d'avoir à la fois sous les yeux la casse elle-même et un modèle imprimé, qui en est la configuration. Ce modèle aide singulièrement l'élève à se familiariser avec la place occupée par chacune des lettres. Pour agir avec méthode, il faut commencer par la première lettre de l'alphabet et continuer successivement jusqu'à la dernière, en désignant mentalement les ponctuations, chiffres, etc.; puis procéder en sens inverse, de la dernière à la première; enfin les nommer sans ordre, au hasard, toutefois sans perdre de vue le *modèle*, qui doit rectifier les erreurs de la mémoire.

Pour faciliter cette étude, nous reproduisons ici le modèle de la casse adoptée par la Chambre des Imprimeurs de Paris.

Après cet exercice mental, l'élève devra se priver du modèle et commencer les premiers tâtonnements de la pratique; car il ne suffit pas de trouver aisément les lettres les plus usuelles, il faut encore pouvoir mettre la main sans hésitation ni recherche sur celles dont l'usage est peu fréquent.

Bien posséder sa casse est donc indispensable avant de s'exercer à composer; autrement on s'expose à tout brouiller, en plaçant à droite ce qui doit être à gauche, en haut ce qui doit être en bas. Le désordre, le mélange des caractères sont un fait grave à tous les points de vue; ils entraînent avec eux une mauvaise composition, et la moindre de ses conséquences pour le coupable est de le signaler comme un ignorant ou un étourdi.

É	È	Ê	Ç	W	Æ	Œ	§	*	diable			
Q	R	S	T	U	V	X	Y	Z				
ë	ï	ü	o	s	l	m	r	e	/	[]	()	é
â	ù	ò	ì	è	à							
ê / î	b	c	d	e								
ô / û / z	l	q	m	n	i							
y / x	v	u	t	espaces								

A	B	C	D	E	F	G	H		
I	J	K	L	M	N	O	P		
1	2	3	4	5	6	7	8	9	0
s	ç	ff	fi	fl	ffi	ffl			
s	»	f	g	h	—	œ / æ			
o	p	,	-	j	k	w / !			
o	p	esp. 1 p.	esp. 1 p. 1/2	demi-cadrat.	cadratins	?			
a	r	; / .	: / ,	cadrats					

Largeur, 85 centimètres. Hauteur, 50 centimètres.

IV.

LE CARACTÈRE

ET LE POINT TYPOGRAPHIQUE.

On entend par *caractère* l'ensemble de toutes les sortes de lettres qui trouvent place dans une casse.

Les caractères sont fondus dans des moules; à ces moules s'adapte une petite pièce en cuivre qu'on nomme *matrice*, laquelle présente en creux la lettre qu'on veut obtenir en relief; ce creux est produit par un poinçon d'acier.

La matière des caractères est un alliage de divers métaux, composé de plomb, de régule d'antimoine, d'étain, et parfois même de cuivre.

Tous les caractères, depuis le plus petit jusqu'au plus gros, depuis les plus sérieux par leur forme jusqu'aux plus bizarres, pouvant être combinés et imprimés ensemble d'un même coup, sont fondus sur une hauteur identique.

Leur épaisseur est déterminée par la forme de la lettre même. Ainsi, l'on comprend que la lettre **m** occupe plus de surface que la lettre **i**, et le **t** moins que le **w**; quelques-unes cependant ont une épaisseur commune. L'extrémité supérieure de chaque lettre reproduit l'empreinte du poinçon, qu'on appelle *œil de la lettre;* vers la partie basse de son épaisseur, on a ménagé un cran dont nous dirons tout à l'heure l'utilité.

Les caractères dont on fait le plus communément usage sont : le *six*, le *sept*, le *huit*, le *neuf*, le *dix*, le *onze* et le *douze*. Ceux d'un emploi moins fréquent sont : le *cinq*, le *quatorze*, le *seize*, le *dix-huit*, le *vingt*, le *vingt-deux* et le *vingt-quatre;* à l'exception du premier, on ne les utilise que pour les grands formats. Leur numéro d'ordre indique la progression de leur grosseur.

Il en est qui portent jusqu'à 72 points et au delà; ils ne servent que pour des titres de grandes dimensions ou des affiches. On verra tout à l'heure ce qu'on entend par *point*.

En remontant l'échelle, on rencontre encore des caractères qui n'ont que quatre points et même trois; mais c'est là une exception ou plutôt une rareté[1]. On peut voir un échantillon de ce dernier

1. Nous citerons, entre autres ouvrages exécutés avec ces caractères, l'édition des *OEuvres d'Horace,* par Didot le jeune, et celles des *Fables de La Fontaine,* de *Vert-Vert,* par Gresset, imprimées avec les caractères gravés et fondus par MM. Laurent et Deberny. M. Mame, de Tours, a imprimé aussi en caractère corps 3 une *Imitation de Jésus-Christ,* texte latin, format in-64.

page 94, au chapitre consacré aux IMPOSITIONS.

Le caractère ordinairement employé dans la partie courante d'un livre s'appelle *romain*.

Chaque caractère romain a pour correspondant, comme œil et comme force de corps, un caractère penché qu'on nomme *italique*[1], dont on se sert habituellement pour les mots et les passages que l'on veut signaler à l'attention du lecteur.

On a vu que le nombre de points que comporte un caractère sert à en indiquer la force et le nom ; aussi dit-on : Tel ouvrage est composé en *six*, en *neuf* ou en *douze*[2].

1. A l'origine les livres étaient imprimés en caractères de forme gothique. Plus tard un imprimeur de Rome modifia cette forme, qui s'est généralisée ; de là le nom de *romain* qui lui a été donné. L'*italique* doit le sien à un célèbre imprimeur italien, Alde Manuce, qui fut le premier à s'en servir.

2. Il n'en a pas toujours été ainsi. Les caractères, jusque dans ces derniers temps, ont eu d'autres dénominations. Dans le principe, on donnait volontiers à un caractère neuf, qui servait pour la première fois, le nom du premier ouvrage imprimé avec ce caractère ; c'est ainsi que le caractère onze a porté longtemps le nom de *cicéro*, parce que, la première fois qu'on en fit usage, il avait servi à imprimer les œuvres de *Cicéron*. Il en fut de même pour le douze, qui avait servi aux œuvres de *saint Augustin*. Bien que quelques imprimeries aient conservé jusqu'ici ces vieilles dénominations, l'usage en est presque généralement abandonné ; une réforme heureuse s'est produite : les caractères ont été fondus et classés d'une façon plus méthodique, plus logique, qui permet d'exécuter aujourd'hui avec une justesse et une rectitude parfaites des travaux qui eussent été impossibles à une autre époque.

Il existe des caractères qui, bien que de même force de corps, diffèrent cependant de force d'œil. On les distingue par les dénominations de *gros-œil* et de *petit-œil*, et aussi par un ou plusieurs crans ajoutés au cran du moule, qui se placent soit en bas, soit en haut de la lettre.

La similitude de force de corps de ces deux caractères en rend le mélange facile; c'est là un fait dont on ne saurait trop se défier.

Beaucoup d'autres caractères de genres divers, qu'on nomme *caractères de fantaisie,* affectent toutes sortes de formes. En outre, il y a ceux qui imitent l'écriture, tels que l'*anglaise,* la *ronde,* la *gothique,* la *bâtarde,* etc.

Le *point* est une mesure conventionnelle : c'est l'unité qui a servi de base pour établir avec une régularité parfaite la fonte des caractères, leur force de corps et leur hauteur. Il représente à peu près la troisième partie d'un millimètre.

C'est sur le point que reposent les diverses opérations de la composition; c'est à l'aide de cette mesure mathématique que s'établissent la longueur et la largeur des pages entre elles, l'agencement des tableaux, la disposition des titres, la symétrie et la précision exigées dans tous les travaux, même les moins importants.

V.

LES BLANCS.

On comprend sous le nom de *blancs* toutes les pièces qui, présentant moins de hauteur que les caractères, ne laissent sur le papier que des vides ou *blancs*.

Tous les caractères d'imprimerie ont, comme nous l'avons dit, une hauteur déterminée et invariable; les espaces et les cadrats sont fondus sur une hauteur toujours moindre; c'est cette différence de hauteur qui, à l'impression, produit la séparation des mots et les blancs.

La casse contient donc, outre les caractères, diverses sortes non apparentes au tirage, qui font partie des blancs; ce sont les cadrats, les cadratins, les demi-cadratins, les espaces, dont nous venons de parler.

Les espaces séparent les mots; il en est de plusieurs forces ou épaisseurs.

Les cadratins se placent en tête de chaque alinéa, et les cadrats à la fin de la ligne qui le termine, quand cette ligne n'est pas complétée par le texte même.

Indépendamment de ces blancs, il en existe d'autres, les lingots et les plombs, réunis sous le nom de *garnitures*, parce que ces pièces, qui maintiennent les pages, sont destinées à les garnir. Elles sont de formes différentes et offrent plus de superficie; fondues systématiquement sur une échelle progressive de points, plus basses que le caractère, elles servent à séparer les pages, comme les espaces à séparer les mots.

On établit des garnitures dites *grands blancs* et *petits blancs*, dont nous parlerons plus loin.

L'interligne fait partie des blancs; c'est une lame en plomb, moins haute aussi que le caractère, qui se place entre les lignes pour les séparer plus ou moins, selon le besoin; elle remplit le même rôle que l'espace, avec cette différence que l'une sépare les mots verticalement, et l'autre sépare les lignes horizontalement; toutes deux sont fondues sur les mêmes forces de corps, dont voici l'échelle ascendante :

Un point;
Un point et demi;

Deux points ;
Deux points et demi ;
Trois points ;
Trois points et demi.
Quatre points.

Au delà de ce chiffre, l'interligne prend le nom de lingot.

Quand il se présente une justification pour laquelle il n'existe pas d'interlignes assez longues, on en met deux au bout l'une de l'autre, d'égale épaisseur, mais, autant que possible, de longueur différente ; on alterne leur position à chaque ligne, pour que la page ne fléchisse pas au point de jonction.

C'est également par points que l'on indique la longueur de ces divers blancs ; mais il faut remarquer ici que c'est le cadratin du corps douze qui sert d'unité pour indiquer la longueur d'une interligne ou d'une justification quelconque. Ainsi l'on ne dit pas une interligne longue de 168 points ou une justification de 96 points, mais bien une interligne de *quatorze douze* ou une justification de *huit douze;* ce qui veut dire que, lorsqu'il s'agit de l'épaisseur de l'interligne, on la désigne par points; et quand on parle de sa longueur, on l'indique par l'unité douze, soit autant de fois douze points que mesure cette longueur.

Ce mode de mesurer la dimension par unités de douze points s'applique également aux garnitures.

Lorsqu'il s'agit de distancer, d'éloigner une ligne d'une autre ligne, ou de séparer, comme pour les notes, un texte plus fort d'avec un moindre, c'est au moyen d'interlignes, ou de lignes de blanc composées de cadrats, qu'on augmente les intervalles. On appelle cela *blanchir,* ou *jeter du blanc.*

On ne saurait trop se familiariser avec les blancs pour apprécier sûrement, à première vue, la différence souvent minime qui distingue certains d'entre eux, et plus particulièrement les interlignes.

VI.

COMPOSITION DE LA PROSE.

Quand l'élève commence à composer, il se place devant la casse, tenant le composteur de la main gauche, quatre doigts en dessous et le pouce libre, recourbé au-dessus du talon de la clavette. La main droite va chercher les lettres une à une et les place successivement dans le composteur; le pouce de la main gauche les maintient au fur et à mesure de leur arrivée : composer, c'est donc simplement assembler.

Le compositeur doit se tenir droit, les bras près du corps et les mains rapprochées autant que possible, afin de diminuer le trajet très-fréquent de l'une à l'autre; ce trajet sera d'autant plus réduit si la main gauche suit la main droite dans tous ses mouvements; c'est là un excellent moyen que nous recommandons pour arriver à composer avec célérité. Les bras et les mains doivent seuls fonctionner ; tout autre mouvement du corps est fâcheux et n'a pour effet que d'occasionner une fatigue inutile. Dès le début, il faut se créer de bonnes habitudes et surtout prendre garde à n'en pas contracter de mauvaises : ces dernières sont toujours préjudiciables aux intérêts de celui qui n'a pas su s'en garantir.

Le travail du compositeur, lorsqu'il ne s'agit que de la composition proprement dite, peut être comparé à celui du copiste des siècles passés : l'un reproduisait avec une plume, l'autre reproduit avec des caractères[1]. L'important est donc de ne pas commettre d'erreurs. Or, nous ne saurions trop le redire, c'est par l'attention et le silence qu'on les évite; un travail convenablement fait ne saurait s'obtenir sans ces deux conditions essentielles, qu'on oublie trop souvent.

La composition est d'autant mieux exécutée qu'elle reproduit avec plus d'exactitude le modèle ou manuscrit qu'on a sous les yeux. Il ne doit s'y rencontrer ni omission, ni addition, ni altération du texte; la langue française doit être res-

1. Avant l'invention de l'imprimerie, les livres étaient écrits à la main et sur parchemin. Leur rareté et leur prix élevé étaient tels, que les rois et les nobles avaient seuls le privilége d'en posséder.

pectée, et la ponctuation observée. De telles fautes sont d'autant plus graves de la part du compositeur, qu'elles le signalent d'abord comme un ignorant ou un mauvais ouvrier, et qu'ensuite il est tenu de les réparer; or, cette opération, rendue parfois difficile par sa propre incurie, il doit l'exécuter à ses frais, c'est-à-dire faire un travail improductif.

Disons, en passant, qu'on appelle *bourdon* l'omission d'un ou de plusieurs mots, et *doublon* la répétition soit d'une phrase, soit d'un seul mot.

Bien des soins sont indispensables pour obtenir une bonne composition. Le premier est de prendre lecture du manuscrit, ou autrement dit de la *copie* à composer[1]. Se familiariser d'avance avec le texte qu'on doit reproduire est d'un avantage inappréciable. Le temps consacré à cette opération préalable est largement compensé par le bénéfice qu'en retire le compositeur, qui n'est plus arrêté dans son

1. Les manuscrits des auteurs sont, la plupart du temps, désordonnés, d'une mauvaise écriture, parfois même indéchiffrables. Jadis on avait l'excellente habitude de les faire copier avant de livrer l'ouvrage à l'impression. De là le nom de *copie* donné par la typographie à ce second manuscrit. Malheureusement cette habitude s'est perdue, au grand détriment du compositeur, et le nom seul de *copie* est resté; aujourd'hui on le donne improprement au manuscrit original, trop souvent défectueux, et même aux feuillets d'un livre qu'on réimprime.

travail par des difficultés de lecture ou par un sens incompris. Le manuscrit est placé devant lui et maintenu sur un petit instrument en bois nommé *visorium*. On ne saurait trop respecter cette copie, éviter de la salir ou de la chiffonner, et bien plus encore de la perdre, car souvent il n'en existe pas un double exemplaire; il importe donc de la ranger avec soin, surtout pendant les suspensions de travail. Le manque de précaution à cet égard peut avoir les conséquences les plus fâcheuses pour l'imprimerie et pour l'ouvrier lui-même.

Pour composer, on lit la première phrase ou le premier membre de phrase, puis on reproduit dans le composteur la partie qu'on vient de lire, et l'on continue ainsi successivement.

C'est à ce moment qu'il est utile de contracter l'habitude de bien saisir ou de bien *lever la lettre*; il faut, autant que possible, la prendre avec légèreté par l'extrémité supérieure, c'est-à-dire du côté de l'œil, de telle sorte que le cran se trouve toujours en dessous. Ce cran, dont nous avons parlé plus haut, détermine, pour ainsi dire, l'endroit et l'envers du caractère; car dans le bas de casse il est certaines lettres qui en forment d'autres quand elles sont retournées; ainsi le **b** se transforme en **q**, le **d** en **p**, le **n** en **u**, le **6** en **9**, et réciproquement.

Il faut donc que du premier coup la lettre soit levée dans le sens où le composteur doit la recevoir, c'est-à-dire l'œil apparent et le cran invisible. Si le contraire avait lieu, s'il se trouvait des lettres placées le cran en dessus, ou d'autres complétement renversées, l'œil au fond du composteur, voici, dans le premier cas, le triste effet qui se produirait à l'impression :

Le ɟemps rəspecɟe deu ce que ʅ'on ɾait sens lui

et le plus déplorable encore qui résulterait du second :

H■tez-vous lente■ent, et sa■s perdre c■urage.....

L'application à bien lever la lettre est donc un point important. Mais, au début, loin de chercher la célérité d'exécution, il faut, au contraire, se défendre du penchant qui porte à vouloir l'acquérir prématurément. Le vrai principe est de procéder avec lenteur et méthode ; autrement on s'expose à une foule d'accidents regrettables : par exemple, à faire sauter les lettres d'un cassetin dans un autre, à briser des lignes faites qui, en retombant dans la casse, y produisent un mélange pernicieux, etc. L'unique préoccupation de celui qui commence doit être de bien apprendre et de bien exécuter, sans nul souci du temps qu'il y apporte. L'habileté viendra à son heure, par la pratique continue du travail et des bonnes habitudes.

Lorsque le composteur est rempli et qu'il y a lieu de le dégager, on le pose horizontalement sur le bord de la casse, on imprime un mouvement de bascule aux lignes à l'aide d'une pression exercée par les deux mains, chacune d'elles les maintenant à leur extrémité avec le médius, et on les dépose dans la galée placée sur la partie droite du haut de casse.

La *galée* est une petite planchette rectangulaire, bordée sur deux de ses côtés d'une équerre en fer; l'angle formé par l'équerre sert à recevoir et à maintenir les lignes au fur et à mesure de leur sortie du composteur.

En finissant, ne négligeons pas de dire que toute lettre échappée accidentellement de la main doit être ramassée sur-le-champ, sinon elle peut être foulée aux pieds, détériorée et mise hors d'état de servir. Ce fait prouvera le soin de l'ouvrier et le degré d'intérêt qu'il porte à l'établissement qui le fait vivre.

VII.

LA JUSTIFICATION ET L'ESPACEMENT.

Prendre la justification, c'est donner au composteur la mesure des lignes à faire; pour cela, on desserre la vis de la clavette, afin de lui laisser la liberté de glisser à droite ou à gauche; on place dans le composteur un certain nombre des interlignes destinées à l'ouvrage, puis on rapproche la clavette le plus près possible de leur extrémité de gauche; pendant qu'elle y est maintenue, on serre la vis pour l'arrêter et la fixer sur ce point. Cela fait, on retire du composteur, d'une seule fois, toutes ensemble, les interlignes; elles ne doivent en sortir qu'avec un léger effort; si cet effort est trop considérable, c'est que la justification est trop serrée; si, au contraire, elles se dégagent trop facilement, c'est que la justification est trop large. Pour éviter ce double inconvénient, on place entre la clavette et les interlignes un petit morceau de papier, dont l'épaisseur suffit pour obtenir exactement le jeu nécessaire à l'entrée et à la sortie des interlignes.

Nous avons dit que la longueur ou dimension d'une ligne quelconque, quand elle est déterminée et arrêtée dans le composteur à l'aide de la clavette mobile, prend le nom de *justification*. Mais ce mot a une seconde acception.

Quand on a terminé une ligne, ou mieux quand on a composé autant de mots qu'elle peut en contenir, il s'agit de la justifier, c'est-à-dire d'en fixer les lettres de manière à les arrêter solidement dans le composteur; pour cela, il importe qu'elles soient toutes placées dans un sens perpendiculaire : sur l'étendue de la justification, elles offrent une certaine élasticité dont il est bon de se défier, car la dernière lettre ne doit trouver place dans le composteur qu'à l'aide d'un petit effort, et c'est cette légère résistance qui indique que le but est atteint; aussi est-ce de la mesure constamment régulière de cet effort que résulte la bonne justification. Posséder la délicatesse de main, le doigté judicieux nécessaire pour bien justifier, est un avantage précieux qu'il faut chercher à acquérir le plus promptement possible.

Justifier est donc l'action qui consiste à donner à la longueur des lignes une précision rigoureusement uniforme[1]; de toutes les lois qui régissent la composition, la plus impérieuse, celle dont l'inobservation entraîne les plus fâcheuses conséquences, c'est la justification. Elle ne saurait être à peu près exacte, elle doit l'être absolument; sans elle, il n'est pas de travaux possibles, puisque tous demandent une précision mathématique. Les accidents qui peuvent résulter de l'absence de cette condition sont malheureusement sérieux et fréquents. Aussi dit-on de lignes plus ou moins bien justifiées : C'est une bonne ou une mauvaise composition.

Souvent le compositeur rencontre une difficulté soulevée par le texte même : tantôt un mot trop court se présente à la fin de la ligne et la laisse inachevée, tantôt un mot trop long n'y peut trouver place.

Il est trois moyens d'échapper à ces difficultés : dans le premier cas, on augmente le blanc ou l'espace qui sépare chacun des mots; dans le deuxième, on le diminue; si ce dernier moyen

1. Ces mots *justification, justifier,* ont perdu leur véritable signification en devenant des termes techniques. En imprimerie, ils veulent dire : *ajuster, donner de la justesse, rendre juste,* dans le sens de précision.

est insuffisant, on coupe le mot final en deux parties, à l'aide d'un trait d'union, qui prend le nom de *division*, et l'on reporte le complément du mot à la ligne suivante.

Avant de justifier, il est un soin que tout ouvrier jaloux de faire un bon travail ne doit jamais négliger : c'est de lire très-attentivement la ligne composée et d'en faire disparaître sur-le-champ toutes les fautes qui auraient pu s'y glisser. A ce moment, cette rectification est facile à exécuter ; négligée, elle devient plus tard difficultueuse et préjudiciable : il faut donc se faire une loi de contrôler sévèrement la ligne composée avant de la justifier. Une composition bien faite de premier jet est infiniment préférable à celle à qui l'on fait subir de nombreuses retouches, puisque c'est toujours aux dépens de la régularité de l'espacement et de la justification que ces corrections sont exécutées. Supposons, par exemple, que dans une page régulièrement espacée et justifiée il y ait lieu d'introduire un mot omis ; pour lui faire place, il faudra nécessairement resserrer l'espacement des mots qui précèdent ou qui suivent ; si, au contraire, il s'agit de faire disparaître un mot surabondant, répété plusieurs fois, la suppression de ce mot laissera un vide à combler, et c'est encore à l'espacement qu'on aura recours. Dans ce cas, on élargit le blanc au lieu de le réduire ; mais le résultat inévitable de ces opérations est de détruire souvent l'harmonie, la régularité d'espacement qu'on a cherché à obtenir en composant. Le cas devient plus sérieux encore s'il s'agit d'un *bourdon* ou d'un *doublon* bien caractérisés, d'une phrase ou de plusieurs lignes, par exemple ; les conséquences de cette faute sont alors très-graves ; nous aurons occasion d'y revenir, mais ces quelques mots suffiront pour faire comprendre l'impérieuse nécessité de contrôler son travail par la lecture avant de justifier les lignes.

On a vu précédemment qu'il existe des espaces de forces différentes ; cette diversité d'épaisseur a pour but d'aider à la justification des lignes et à l'espacement régulier des mots. En composant, on ne doit mettre d'abord entre eux qu'une seule espace[1] de force moyenne ; si, à la fin de la ligne, il se présente un mot ou une fraction de mot qui ne puisse y entrer, on remplace sur toute l'étendue de la ligne l'espace primitive par une autre d'une force moindre, afin d'arriver à faire la place dont on a besoin ; si, au contraire, ce mot ne peut être introduit ou *divisé*, on évite cet inconvénient en répartissant le vide

1. En langage typographique, *espace* est du féminin.

sur toute la ligne, par l'emploi d'espaces plus fortes ou par la combinaison de celles qui sont nécessaires pour arriver à remplir la ligne. Toutefois l'augmentation et la réduction du blanc séparatif des mots ont leurs limites. L'espacement ne doit jamais atteindre les proportions d'un cadratin, ni même en approcher; il ne doit pas non plus descendre à l'espace fine d'un point. On ne saurait tolérer ni des lignes trop larges ni des lignes trop serrées : dans le premier cas, les mots semblent courir les uns après les autres; dans le second, ils sont tellement rapprochés que la ligne entière paraît n'en former qu'un seul. Il faut à tout prix éviter ces deux excès.

L'espacement normal des mots, celui qu'il faudrait toujours pouvoir observer, doit être du tiers du cadratin.

S'il est indispensable d'espacer régulièrement les mots d'une même ligne, l'espacement aussi régulier que possible de l'ensemble de la composition n'est pas moins nécessaire; rien n'est d'un effet plus désagréable qu'une suite de lignes dont l'espacement offre des différences sensibles, ou que deux lignes superposées, dont l'une est très-large et l'autre très-serrée; elles se nuisent réciproquement, et le défaut de l'une fait ressortir le défaut de l'autre. C'est à l'espacement régulier et suivi de la composition qu'une page bien faite doit le charme particulier qu'elle offre aux yeux.

Cette régularité ne s'obtient souvent qu'à l'aide de petits sacrifices de temps. Or il y a des ouvriers, ce sont les bons, qui, pour arriver à ce résultat, poussent le scrupule jusqu'à remanier certaines parties de leur composition, heureux de prouver ainsi qu'ils sont capables de vaincre les difficultés du métier.

On ne saurait faire de bonne composition qu'en imitant cet exemple.

L'espacement à observer devant les ponctuations est soumis aussi à certaines règles, malheureusement trop négligées aujourd'hui.

Ainsi, avant la *virgule* et le *point-et-virgule*, il faut mettre une espace fine.

Le *deux-points* se place presque au milieu du blanc qui sépare les deux phrases, mais légèrement plus près de celle qui le précède.

Le *point* ne demande aucune espace et doit être approché de la lettre qui termine la phrase.

Il n'en est pas de même du *point admiratif!* et du *point interrogatif?* Ils doivent être précédés d'une espace fine. Lorsque plusieurs points de ce genre se présentent de suite, il faut les séparer par une espace moyenne.

VIII.

LE TRAIT D'UNION ET LA DIVISION.

On sait que le trait d'union est une petite ligne horizontale (-) qui réunit certains mots composés pour n'en former qu'un seul, comme dans *c'est-à-dire, est-ce, ira-t-on, quatre-vingt-neuf.*

Quand, à la fin d'une ligne, il se présente un mot qui par son étendue ne peut y trouver place, on le coupe en deux parties, et la seconde de ces parties, rejetée à la ligne suivante, est reliée à la première par ce trait (-); on indique ainsi que le mot est inachevé, qu'il a une suite s'y rattachant et le complétant; c'est un trait d'union entre l'une et l'autre partie de ce mot. La division n'est pas autre chose [1].

1. Nous avons eu déjà l'occasion de signaler certains mots qui, dans la langue typographique, ont été détournés de leur acception primitive. C'est très-improprement, à notre sens, qu'on a donné

Bien que le trait d'union et la division soient représentés par le même signe et désignés par le même nom, ils conservent cependant leur caractère particulier.

Ce qui caractérise essentiellement la division, c'est qu'elle ne s'emploie jamais qu'à la fin des lignes qui se terminent par un mot inachevé, resté en suspens ; elle est, nous le répétons, la liaison entre la première partie de ce mot et son complément reporté à la ligne suivante.

La coupure ou division des mots est soumise à des règles qu'on ne peut enfreindre.

Les mots ne se divisent pas indifféremment et comme le hasard de la composition les produit à la fin des lignes. Ils doivent être coupés par syllabes et selon leur étymologie. Quelques exemples suffiront pour faire comprendre cette règle.

Supposons qu'il faille diviser les deux mots suivants :

franchement — *quelquefois*

On ne saurait couper le premier ni à *fra-*, ni

le nom de *division* au signe qui, au contraire, signifie *union, rapprochement, jonction*. Cette remarque est sans importance ; mais il ne faut pas oublier que notre petit livre s'adresse essentiellement à des enfants, et qu'en les aidant à penser juste, nous prévenons certaines questions que leur logique ne manquerait pas de nous adresser. Il est regrettable que la division ne soit pas formée d'un double trait =.

à *franc-*, ni à *franch-*, parce que la ligne suivante commencerait :

Dans le premier cas, par [*nchement;*
Dans le deuxième, par [*hement;*
Et dans le troisième, par [*ement.*

Le second mot ne pourrait se diviser ni à *que-*, ni à *quelq-*, ni à *quelqu-*, ni à *quelquef-*, car la ligne suivante commencerait :

Dans le premier cas, par [*lquefois;*
Dans le deuxième, par [*uefois;*
Dans le troisième, par [*efois;*
Et dans le dernier, par [*ois* [1].

C'est là ce qu'on appelle de mauvaises divisions ; on voit sur-le-champ ce qui les rend impossibles : elles offrent une difficulté de lecture, altèrent la prononciation, et, en outre, présentent à l'œil quelque chose de barbare.

Mais ces mots seront régulièrement divisés s'ils ont été coupés ainsi :

fran- [*chement* ou *franche-* [*ment*
quel- [*quefois* ou *quelque-* [*fois*

1. Pour aider l'élève à comprendre, nous le prévenons que ce crochet [veut dire, en typographie : *reporter à la ligne suivante.*

Pour les mots dérivés du grec ou du latin, on doit observer l'étymologie et diviser d'après elle; ainsi, on coupera hémisphère non pas à *hémis-*, mais bien à *hémi-* [*sphère*, lépidoptère, à *lépido-* [*ptère* — *hémi-* [*stiche* — *circon-* [*stance* — *circon-* [*scrire* — *trans-* [*férer*, etc., etc. L'*s* appartient tantôt à la première syllabe, tantôt à la seconde.

Les divisions inacceptables sont nombreuses; nous allons indiquer les règles générales à observer à cet égard.

Il est rigoureusement défendu de séparer une seule lettre, comme dans les mots *é-* [*preuve* — *i-* [*vrognerie* — *é-* [*pargner* — *a-* [*gilité* — *a-* [*vril* — *a-* [*bîme*.

Il n'est pas d'usage, non plus, de couper un mot entre deux voyelles, comme *cru-* [*auté* — *cré-* [*ature*[1].

Il faut éviter également de diviser la première syllabe d'un mot qui commence par deux lettres minces, comme *il-* [*légitime* — *li-* [*berté* — *fi-* [*nancier*.

La division de deux lettres est permise seulement quand ces lettres sont épaisses, comme dans *mo-* [*dération* — *mu-* [*nificence* — *ma-* [*nifestation*;

1. Nous avouons ne pas saisir pourquoi, et nous sommes très-tenté de classer ce cas-là, et quelques autres, parmi les préjugés typographiques.

mais il est interdit de rejeter au commencement d'une ligne une syllabe muette, surtout quand elle ne comporte que deux lettres, comme dans *infir-* [*me* — *coura-* [*ge* — *offen-* [*se* — *navi-* [*re* — *stupi-* [*de* — *partici-* [*pe*, etc. Dans ce cas, c'est à l'espacement seul qu'il faut demander la place de ces deux lettres.

En général, les syllabes muettes doivent être évitées au commencement des lignes; l'absence de son les rend désagréables à la lecture; cependant la règle n'est pas sans exception : ainsi, quand le monosyllabe muet se compose de plusieurs lettres, comme dans les troisièmes personnes du pluriel des verbes, il est permis de l'isoler et de diviser des mots tels que ceux-ci ou leurs équivalents : *finis-* [*sent* — *compor-* [*tent* — *tourmen-* [*tent* — *illus-* [*trent*.

Dans les mots composés, comme *viendrez-vous? sortirons-nous?* il faut profiter de la présence du trait d'union pour lui faire remplir à la fois son rôle propre et celui de la division, en coupant là où le trait d'union se rencontre; ces coupures sont les meilleures; il est toujours d'un effet désagréable d'introduire une division dans un mot qui comporte déjà un trait d'union, et de diviser ainsi :

Vien- [*drez-vous?* — *Sor-* [*tirons-nous?*

Quand un mot se présente avec deux traits d'union, comme dans ces phrases : *va-t-il mieux?* — *ira-t-on à la campagne?* on rejette le *t* euphonique à la ligne suivante, en divisant ainsi : *ira-t-on* — *va-* [*t-il.*

Dans la composition faite avec soin, il faut mettre une espace d'un point de chaque côté du trait d'union, à moins que, par exception, l'espacement ne soit un obstacle.

Les abréviations ne sont pas admises à la fin des lignes, et moins encore la division de ces abréviations.

Lorsque des titres honorifiques ou respectueux, comme Sa Sainteté, Sa Majesté, Son Altesse, Son Excellence, Monsieur, Madame, Mademoiselle, se présentent en abrégé à la fin d'une ligne, par exemple : S. S. — S. M. — S. A. — S. Exc. — M. — Mme — Mlle, il faut absolument les reporter à la ligne suivante, fût-ce au prix d'un remaniement des lignes qui précèdent.

Une somme représentée en chiffres ne peut jamais être divisée; elle ne doit pas non plus terminer la ligne sans être suivie des fractions de ce nombre s'il en existe, ou de l'indication des objets que ce nombre représente, tels que : francs, centimes, mètres, litres, kilomètres, etc. En cas d'impossibilité absolue, on lève parfois la difficulté en mettant tout ou partie de la somme au long, c'est-à-dire en toutes lettres.

S'il s'agit d'une date, on ne doit pas la séparer du mois qui la suit; l'exemple ci-dessous est donc fautif :

Chacun sait que la saison d'hiver commence le 21 décembre.

Il en est de même du millésime; exemple :

L'Imprimerie royale fut fondée et installée dans les bâtiments du Louvre par ordre de Louis XIII, en l'année 1640.

On ne termine jamais une ligne par le mot *tome* ou *volume*, s'il n'est suivi du chiffre numérique qui lui appartient : tome [XXI — volume [IV. De même, si l'indication est renversée, on ne peut terminer la ligne ainsi : nous lisons dans le VIIe volume de l'*Encyclopédie*.

Si la plupart de ces cas sont bons à éviter, disons toutefois que c'est à la condition qu'ils n'entraîneront pas des défauts plus choquants.

Il est désagréable de voir plusieurs lignes qui se suivent se terminer par des mots divisés; aussi n'est-il pas permis d'en diviser plus de trois; les ouvriers soigneux évitent même d'atteindre ce nombre, qui n'est admis que dans les petites justifications. Quand on ne peut l'éviter, il faut que les divisions employées soient toutes de la même force.

Quel que soit pourtant le mauvais effet produit par une succession de divisions, il ne faut pas lui sacrifier l'espacement; la régularité de celui-ci est préférable, et il vaut mieux admettre une division de plus que de tomber dans un espacement trop large ou trop serré.

Les divisions de mots à la fin des lignes ne sont pas tolérées dans les ouvrages soignés, à grandes justifications. La *Bible*, de l'Imprimerie impériale, *la Touraine*, 2e édition, de M. Mame, les *Contes de Perrault*, édition Hetzel, les *Évangiles*, de la librairie Hachette, sont exempts de divisions à la fin des lignes. Le *Manuel typographique* de Brun, quoique de format in-18, n'en contient aucune.

La dernière ligne d'un alinéa ne peut être formée d'un seul mot, s'il est court, et moins encore d'une fraction de mot. Cette ligne ne saurait non plus être composée uniquement d'un nom de nombre, ni, comme ici, d'une abréviation, ou d'un *etc.*

Malgré l'effet désagréable qu'elles produisent à l'œil, certains ouvriers peu scrupuleux, au lieu d'éviter ces lignes malhonnêtes (baptisées du nom de *lignes à voleur*), s'efforcent de les produire. C'est un mauvais exemple qu'il faut absolument se garder de suivre.

Quant aux nombreux emplois de la division comme trait d'union proprement dit, c'est là une question tout orthographique, pour laquelle nous renvoyons au Dictionnaire de l'Académie, qui, dans la plupart des cas, doit être l'arbitre des difficultés.

Pour donner une idée du mauvais effet que peuvent offrir l'irrégularité de l'espacement, la justification vicieuse et la mauvaise division des mots, nous donnons ci-après une page où ces défauts sont réunis; en regard se trouve la même page, où ils ont été évités. La comparaison montrera combien un travail peut différer, selon qu'il a été négligé ou exécuté d'après les principes.

Les reproches, malgré ce qu'ils ont souvent de cruel, sont une partie de la bonté ; ils ont leur place dans la vie des hommes qui cherchent le bien. L'ami,le supérieur,lepère oula mère,nous reprochent nos fautes pour nous exhorter à ne les plus commettre; ils ont en vue notre perfectionnement ; ils nous conseillent de ne poursuivre la carrière qu'en prenant un meilleur chemin.

On pourrait dire aux enfants pour toute morale : Aimez bien votre mère.

Aimer samère, en effet, c'est faire tout pour lacontenter, c'est vouloir tout pour lui plaire; et contenter sa mère , c'est ne rien penser, ne rien dire que le bien, ne rien aimer que le bon, n'admirer que le beau ,n'entreprendre que l'utile ; c'est, en un mot, être parfait, car ce n'est pas trop pourl'aspirationd'une mèreque laperfection de son enfant.

Nous avons tous éprouvé le même sentiment intime; après avoir fait une bonne action, vaincu desdifficultés ouremportéun triomphe, tous nous nous sommes dit, dans la joie ou la fierté de notre cœur : « Comme ma mère va être heureuse ! » Et la meilleure de toutes les récompenses a toujours étéson baiser. Les enfants ne seraient pas bons parce qu'ils sont des enfants, qu'ils le

Les reproches, malgré ce qu'ils ont souvent de cruel, sont une partie de la bonté; ils ont leur place dans la vie des hommes qui cherchent le bien. L'ami, le supérieur, le père ou la mère, nous reprochent nos fautes pour nous exhorter à ne les plus commettre; ils ont en vue notre perfectionnement; ils nous conseillent de ne poursuivre la carrière qu'en prenant un meilleur chemin.

On pourrait dire aux enfants pour toute morale : Aimez bien votre mère.

Aimer sa mère, en effet, c'est faire tout pour la contenter, c'est vouloir tout pour lui plaire; et contenter sa mère, c'est ne rien penser, ne rien dire que le bien, ne rien aimer que le bon, n'admirer que le beau, n'entreprendre que l'utile; c'est, en un mot, être parfait, car ce n'est pas trop pour l'aspiration d'une mère que la perfection de son enfant.

Nous avons tous éprouvé le même sentiment intime; après avoir fait une bonne action, vaincu des difficultés ou remporté un triomphe, tous nous nous sommes dit, dans la joie ou la fierté de notre cœur : « Comme ma mère va être heureuse! » Et la meilleure de toutes les récompenses a toujours été son baiser. Les enfants ne seraient pas bons parce qu'ils sont des enfants, qu'ils le deviendraient parce qu'ils aiment. Leur amour pour leur mère

IX.

COMPOSITION DE LA POÉSIE.

On dit, avec raison, que les connaissances d'un correcteur d'imprimerie ne peuvent être trop étendues. En effet, il lui faut savoir beaucoup, et, s'il savait tout, ce ne serait pas trop encore.

On peut, jusqu'à certain point, désirer qu'il en soit de même du compositeur. Exposé qu'il est à reproduire des ouvrages traitant de toutes les sciences humaines, il faut au moins qu'il en ait une teinture. Sans exiger qu'il connaisse l'*Art poétique*, il doit savoir ce qu'on entend par un vers, en connaître la structure, de manière à le scander d'une façon régulière; autrement son amour-propre aurait à souffrir le jour où il serait appelé à composer un ouvrage de poésie.

Je suppose donc que mon jeune lecteur ne s'est

jamais bien rendu compte de ce que c'est qu'un vers français; afin de le lui apprendre, j'emprunte la définition suivante à un petit livre qu'il serait utile que tous les apprentis eussent entre leurs mains; non-seulement il leur enseignerait les règles de la versification, mais encore il ornerait leur esprit d'une multitude des plus beaux vers de la langue française [1].

« Un vers français est une petite phrase, ou un membre de phrase dont les mots sont arrangés suivant des règles fixes, et doivent contenir un nombre déterminé de syllabes.

« Exemple de phrase :

Aucun chemin de fleurs ne conduit à la gloire.

LA FONTAINE.

« Exemple de demi-phrase :

Celui qui met un frein à la fureur des flots.....

J. RACINE.

« Nous avons des vers français de plusieurs sortes : des grands, des moyens, des petits, et

1. *Traité élémentaire de versification française, suivi d'un Album alphabétique des vers-proverbes français,* par CHARLES DEZOBRY, l'éminent auteur du *Dictionnaire général de Biographie et d'Histoire;* de *Rome au siècle d'Auguste;* etc., que les lettres ont eu la douleur de perdre.

même d'infiniment petits. Ils sont distingués et dénommés d'après le nombre de syllabes que chacun contient; les plus grands vers n'ont jamais plus de douze syllabes, les plus petits n'en ont qu'une seule.

« On peut construire des vers depuis une jusqu'à dix syllabes, en montant par unité; après dix, il faut sauter à douze; onze syllabes est un nombre interdit; on a fait quelques essais de vers de ce genre, mais ils n'ont jamais réussi.

« L'agencement des mots et des syllabes est soumis à des lois qui toutes ont pour but de rendre le langage de la poésie plus doux et plus harmonieux que celui de la prose; ainsi l'hiatus est banni de tous les vers.

« Le nombre des syllabes d'un vers est diminué par l'élision ou fusion de la syllabe finale d'un mot avec la syllabe initiale d'un autre mot qui le suit.

« Certains vers doivent avoir un repos léger, qu'on appelle césure.

« La fin des vers doit être ornée d'une rime.

« Enfin, il faut éviter presque toujours l'enjambement d'un vers sur l'autre. »

Par cette définition, on voit qu'il existe des vers de diverses mesures, depuis une syllabe jusqu'à douze, le vers de onze syllabes n'existant que dans de rares fantaisies de poëtes. J'en dis autant du vers de neuf syllabes, qu'on ne rencontre en général que dans la chanson, parce qu'il est soumis au rhythme musical. Or ce sont ces différentes mesures qu'il faut savoir apprécier et reconnaître d'abord, à la simple lecture : chacune d'elles, en composant, doit être rendue apparente par un alignement particulier.

Mais on vient de voir qu'en raison de règles propres à la poésie, le nombre des syllabes d'un vers est diminué par l'*élision* ou la fusion de la syllabe finale d'un mot avec la syllabe initiale du mot suivant. Si l'on ne s'est pas familiarisé avec cette règle, on ne pourra se rendre exactement compte de la véritable mesure d'un vers. C'est par la connaissance de l'élision qu'on arrive à bien scander un vers, c'est-à-dire à reconnaître exactement sa mesure.

Quand un mot terminé par un *e* muet se trouve immédiatement suivi d'un mot commençant par une voyelle ou un *h* non aspiré, la syllabe finale du premier mot se confond avec la première lettre du mot suivant; telle est l'élision : les deux syllabes ne forment plus alors qu'un son unique.

Ainsi les phrases suivantes, qui en prose présentent quinze à dix-huit syllabes, n'ont plus en versification que douze syllabes, ou mieux douze sons, car les vers sont aussi une musique. Voici comment on doit les scander ou les compter :

Cette / neige où / l'auro / re aime à / semer / des fleurs.
La co / lombe es / suyant / son ai / le encor / e humide.
Et chaqu / e acte en / sa pièc / e est u / ne pièc / e entière.

Toutes les fois qu'un vers se termine par un *e* muet, comme ces deux derniers, cet *e* s'élide et n'a aucune valeur, parce qu'il ne s'articule pas à la prononciation ; il en est de même des terminaisons en *es* et *ent* des troisièmes personnes plurielles ; exemples :

La Chi / cane au / teint jau / ne, aux doigts / longs et / diffor*mes,*
Entou / re son / palais / du dé / dale / des for*mes.*

Sous la / voûte, à / ces mots, / des san / glots é / clatèr*ent :*
D'un cer / cle plus / étroit / ses a / mis l'en / tourèr*ent.*

Il en est encore ainsi quand les troisièmes personnes du pluriel des verbes se rencontrent dans le corps même du vers ; exemples :

Il était sur son char : ses gardes affligés
Imit*aient* son silence autour de lui rangés.

Et lorsqu'ils t'oubli*aient,* tes anges descendus
Rappel*aient* ta mémoire à leurs cœurs éperdus.

Dans ce dernier cas, la syllabe est sonnante ; il est donc indifférent qu'elle soit au pluriel ou au singulier.

Il se rencontre des vers qui n'offrent aucune élision ; il en est aussi qui, comme les suivants, présentent autant de mots que de syllabes ; ceux-ci sont faciles à scander :

C'est au jeu que l'on voit les plus grands coups du sort.

Le ciel n'est pas plus pur que le fond de mon cœur.

Les poëtes se permettent également certaines licences d'orthographe qui pourraient parfois étonner, si l'on n'était prévenu ; ainsi, par exemple, ils suppriment l'*s* à la première personne de certains verbes, et quelquefois écrivent : je *voi*, j'*averti*, je *croi*, je *sai*, etc. Parfois, au contraire, pour éviter l'élision et avoir une syllabe de plus, ils ajoutent l'*s* aux mots *grâce*, *guère*, *naguère*, *jusque*, etc. Pour gagner une syllabe, on supprime l'*e* final à *encor*, quand cet *e* ne peut s'élider ; on le fait aussi pour le besoin de la rime.

Enfin il est une autre licence qui consiste à retrancher à volonté, suivant les besoins de la mesure du vers, l'*e* muet final non élidé d'un ou de plusieurs mots, ou une autre lettre, ou même une syllabe dans le corps du mot, en la remplaçant par une apostrophe ; mais cette licence ne se rencontre que dans le genre familier, dans la chanson, par exemple :

> J' lui dirai ben : je n' vous aim' pas,
> Puisque cet avis est le vôtre ;
> Mais je n' pourrai jamais, hélas !
> Lui dire d'en aimer un autre.
> Oui, plus j'y pense, je le voi,
> C'est un trésor que j'abandonne.
> J' veux ben qu'il ne soit plus à moi,
> Mais j' voudrais qu'il n' fût à personne.

J'en ai dit assez pour faire comprendre aux élèves qui ignorent les règles de la versification comment, lorsqu'ils ont à composer des vers mêlés, ils peuvent en reconnaître la mesure avec certitude. Mais là ne doit pas se borner leur savoir : ne fût-ce que comme agrément, il est bon de connaître les principes de la versification. « Sans cette connaissance, que l'on peut acquérir assez facilement, nous dit si justement M. Dezobry, on ne saura jamais apprécier ni sentir le charme de la poésie, ni même en parler pertinemment, comme il convient de faire de toute chose dont on parle ; et, par suite, on sera privé d'un plaisir délicat, et cependant assez vif, qui est un des plus charmants pour les esprits distingués. »

Maintenant nous allons voir quels soins il faut apporter à la composition des vers, et comment leurs diverses mesures doivent être présentées pour qu'ils ne soient pas confondus entre eux.

Pour donner à la composition des vers un heureux effet, on n'emploie entre les mots qu'une seule sorte d'espaces, l'espace forte ou l'espace moyenne, car elle n'est plus, comme dans la prose, exposée à être modifiée fréquemment par les exigences de la justification, celle-ci s'opérant le plus souvent par un ou plusieurs cadrats; le changement des espaces n'a lieu que quand il se présente un vers trop long, qu'il faut ramener aux proportions de la justification. On doit donc, avant de composer, se munir d'espaces de même force et les trier, au besoin, pour éviter d'avoir à faire ce triage pendant la composition; cette manière d'opérer apporte une appréciable économie de temps.

S'il arrive, cependant, qu'après l'espacement réduit le vers se refuse encore, par son étendue, à entrer complétement dans la justification, on a recours au blanc de la garniture, qui, à l'aide d'un parangonnage, reçoit la partie du vers qui n'a pu trouver place dans le composteur; cette petite opération prend le nom de sortie, et l'on dit : *faire une sortie.*

On use aussi de deux autres moyens : le premier

consiste à composer exceptionnellement le vers trop long en caractère moindre que celui de l'ouvrage ; mais cette immixtion d'un caractère plus fin dans un autre plus fort est d'un mauvais effet ; le second, c'est de couper le vers et de rejeter la partie surabondante soit à la fin du vers suivant, soit à celle du vers précédent, selon que l'un ou l'autre a laissé le blanc voulu. Si ce blanc n'existe pas ou s'il est insuffisant, on est obligé de consacrer à cette fraction de vers une ligne spéciale au-dessous du vers auquel elle appartient. Dans chacun de ces cas le rejet est précédé d'un [(crochet). Cela s'appelle *doubler un vers*. Toutefois on n'a recours à ces moyens que dans les ouvrages qui n'exigent que peu de soins, ou quand on se trouve enfermé dans les étroites limites d'une petite justification.

On observe pour les vers un alignement particulier ; au-dessous de douze syllabes, ils doivent être plus ou moins rejetés sur la droite, selon leur mesure. Le vers de douze, excepté dans les grands formats, ne se renfonce pas et commence le plus souvent au point de départ de la justification ; au-dessous de ce vers, le renfoncement augmente suivant la réduction du nombre de syllabes : la proportion est d'un cadratin par syllabe ; ainsi, sur le vers de douze ou alexandrin,

Le vers de 10 se renfonce de 2 cadratins,

—	9	—	3	—
—	8	—	4	—
—	7	—	5	—
—	6	—	6	—

Cependant cette mesure n'est pas absolue; il est des cas où, selon le caractère et l'étendue de la justification, le renfoncement d'un cadratin par syllabe est réduit seulement à un demi-cadratin.

On cesse également de l'observer quand il s'agit de petits vers; on les renfonce alors de manière qu'ils occupent à peu près le centre de la justification, en les maintenant toutefois un peu plus vers la gauche : ici, comme dans bien d'autres cas, c'est le goût qui décide.

La fable suivante, qui offre des vers de sept mesures différentes, donnera une idée des vers mêlés et des renfoncements.

LE NAIN ET LE GÉANT.

Debout sur un géant qui lui servait d'appui,
Un nain s'applaudissait de voir plus loin que lui.
« Oui ! criait-il, ta vue est bornée aux collines
Voisines;
Tandis que moi,
Plus grand que toi,
Je vois jusques aux pôles. »

Le géant repartit :
« Vous oubliez, petit,
Que vous êtes sur mes épaules. »

Petits penseurs, petits esprits,
Petits vers luisants des ténèbres,
Qui de l'antiquité, dans vos petits écrits,
Placez les écrivains célèbres
Au-dessous
De vous,
Qui donc vous connaîtrait, ô barbouilleurs infimes!
Si ces hommes fameux, pareils à ce géant,
N'avaient sur les hauteurs de leurs œuvres sublimes
Placé votre néant?

Les vers se présentent encore d'une façon particulière quand ils prennent la forme de dialogue, dans une pièce dramatique par exemple, tragédie, comédie ou drame. Tel vers est récité par fragments et par plusieurs personnages. Les exemples sont nombreux ; en voici un pris au hasard dans *Amphitryon*, de Molière :

AMPHITRYON.

On t'a battu!

SOSIE.

Vraiment!

AMPHITRYON.

Et qui?

SOSIE.

Moi.

AMPHITRYON.

Toi, te battre?

Et cet autre du *Dépit amoureux :*

VALÈRE.

est un point résolu.

MASCARILLE.

J'approuve ce transport;
ais le mal est, Monsieur, qu'il faudra s'introduire
a cachette.

VALÈRE.

Fort bien.

MASCARILLE.

Et j'ai peur de vous nuire.

VALÈRE.

t comment?

MASCARILLE.

Une toux me tourmente à mourir,
ont le bruit importun vous fera découvrir;

Il tousse.

e moment en moment..... Vous voyez le supplice.

Dans ce cas, il est facile de voir que la seconde partie du vers s'aligne avec la fin de la première, la troisième avec la deuxième, et ainsi de suite, de manière que, si les personnages ou interlocuteurs étaient supprimés, le vers ne formerait qu'une seule ligne. Cependant, si le vers est trop long, on ne s'astreint plus à cet alignement rigoureux, et l'on rentre un peu sur la gauche chacune de ses parties.

Les noms des interlocuteurs doivent toujours occuper le centre de la justification et être composés en petites capitales espacées d'un point. On ne supprime l'espace que dans les travaux peu soignés.

Lorsqu'un jeu de scène se présente, il faut le placer, comme dans l'exemple précédent, au-dessus de la partie du vers à laquelle il se rapporte.

Il est assez d'usage aujourd'hui de mettre les jeux de scène en plus petit caractère; l'effet est meilleur, et c'est un progrès sur les anciennes habitudes; mais cela entraîne souvent des parangonnages, particulièrement dans la prose, et, par raison d'économie, on revient parfois à l'ancienne méthode, en mettant les jeux de scène et les *à parte* en italique du corps et entre parenthèses, comme dans l'exemple ci-dessous :

CLITANDRE, *à Lucinde.*

Acceptez, pour gage de ma foi, cet anneau que je vous donne. (*Bas à Sganarelle.*) C'est un anneau constellé qui guérit les égarements d'esprit.

Ce mode ancien n'est plus employé que pour les éditions à bon marché.

L'emploi du petit caractère dispense de celui des parenthèses, excepté toutefois dans la prose, quand le jeu de scène se rencontre dans le corps du texte :

FROSINE, à Harpagon.

J'aurais, Monsieur, une petite prière à vous faire. J'ai un procès que je suis sur le point de perdre, faute d'un peu d'argent (Harpagon prend un air sérieux.), et vous pourriez facilement me procurer le gain de ce procès, si vous aviez quelques bontés pour moi.

Dans les éditions compactes, où l'on a recours à tous les moyens pour serrer le texte et gagner de la place, on met l'interlocuteur au commencement de l'alinéa; il n'est séparé du texte que par un — (moins). Parfois même ce dernier est supprimé.

HARPAGON. — Tu m'as fait grand plaisir, Frosine, et je t'en ai, je te l'avoue, toutes les obligations du monde.

FROSINE. — Je vous prie, Monsieur, de me donner le petit secours que je vous demande.

MOLIÈRE. — *L'Avare,* acte II, scène VI.

Quand une citation quelconque, un morceau de prose ou de poésie, est suivie du nom de l'auteur, cette signature se place à droite, un peu avant la fin de la ligne, ainsi qu'on vient de le voir.

Le nom de l'auteur se met en petites capitales, celui de l'ouvrage en italique, l'acte en grandes capitales et la scène en petites capitales.

X.

LA DISTRIBUTION.

Lorsque la composition a passé par toutes les phases qu'elle doit traverser, c'est-à-dire qu'elle a été mise en pages, imposée, lue à plusieurs reprises, corrigée autant de fois, et enfin imprimée au nombre voulu ; en un mot, quand elle a rendu tous les services qu'on en attendait, elle revient de la presse au compositeur, qui la détruit, la décompose, afin d'utiliser à nouveau les caractères engagés.

C'est cette action de décomposer qu'on appelle *distribuer,* parce qu'elle consiste à replacer ou à distribuer dans chacun des cassetins les lettres qui lui ont été empruntées pour la composition. La distribution est donc le contraire de la composition : composer, c'est prendre la lettre ; distribuer, c'est la rendre. Dans le second cas on sème ; dans le premier on récolte.

Au début, la distribution semble présenter plus

de difficultés que la composition; c'est là une erreur : la pratique démontre qu'on distribue avec une célérité trois fois plus grande qu'on ne compose. Mais la composition offre au commençant un attrait qui manque à la distribution : par la composition, il a la conscience de produire quelque chose; ce quelque chose s'adresse à son esprit, l'intéresse, le charme même quelquefois. La distribution n'a aucun de ces avantages; c'est un acte tout matériel de destruction, bien qu'il réclame une part d'attention non moins grande que l'autre.

Pour distribuer, voici la manière de procéder : on prend un petit nombre de lignes, le cran en dessous, que l'on maintient horizontalement dans la main gauche, l'une des extrémités appuyée sur la partie inférieure du pouce, l'autre supportée par les doigts étendus. Ces lignes, solidement assujetties dans la main, prennent le nom de *poignée*, parce qu'elles remplissent à peu près le poing qui les reçoit et les soutient. Dans cette position, le médius de la main droite fait glisser entre l'index et le pouce un ou plusieurs mots, selon leur longueur, de manière qu'étant bien maintenus entre ces doigts, ils soient à portée de la vue. Après avoir lu ces mots pour connaître l'ensemble des lettres qui doivent être replacées, on fait exécuter à la main au-dessus de la casse une certaine course pendant laquelle les doigts abandonnent, une à une, chaque lettre au cassetin qui lui est particulier. Cette opération se répète jusqu'à ce que les cassetins soient remplis.

On donne aussi le nom de *distribution* à toute composition qui, ayant subi l'impression, est destinée à être détruite. On l'appelle également *lettre* dans un sens absolu. Le compositeur dit indifféremment qu'il manque de lettre ou de distribution, ces deux mots étant synonymes.

C'est surtout lorsque l'on distribue qu'on apprécie l'avantage de bien connaître la casse. Pour apprendre la distribution, il faut se hâter lentement. C'est une opération des plus délicates, qui demande à être parfaitement exécutée, parce que, nous l'avons dit, du soin apporté à bien distribuer dépend essentiellement la bonne composition. S'il y a peu d'inconvénients à vouloir tout d'abord composer avec célérité, il n'en est pas de même pour distribuer. On comprend facilement que si chaque lettre n'a pas été remise avec une scrupuleuse exactitude dans le cassetin qui lui est affecté, il en résulte un désordre pernicieux, lequel a pour conséquence forcée d'engendrer des fautes nombreuses.

En effet, quand on viendra composer de nouveau, les lettres égarées seront prises avec confiance pour les lettres régulières, elles leur seront substituées, et c'est cette substitution qui s'appelle *coquille*.

De toutes les fautes occasionnées par la mauvaise distribution, la coquille est celle qui se produit le plus fréquemment. En apparence, elle présente peu de gravité, et cependant elle a de véritables dangers; c'est une de celles dont il faut plus particulièrement se défier, car elle a des traîtrises inattendues; par elle, un mot est transformé en un autre, qui produit un non-sens, ou parfois présente un sens diamétralement opposé à l'idée émise par l'écrivain; tantôt elle lui fait dire une sottise, tantôt elle produit une monstruosité [1].

1. On a pris l'habitude, et les journaux plus particulièrement, d'appeler indifféremment *coquille* toute faute d'impression quelconque; c'est là une erreur. Ainsi c'est à tort que l'on appelle coquille cette charmante et fraîche image qui a fait dire à Malherbe :

Et rose, elle a vécu ce que vivent les roses,
L'espace d'un matin.

Malherbe avait écrit :

Et *Rosette* a vécu ce que vivent les roses.

Ici, ce n'est plus une *coquille*, mais une inadvertance du compositeur, qui a mal lu, a cru voir *rose elle*, et a fait deux mots de Rosette.

Malherbe lui sut gré de cette erreur, qui ajoutait singulièrement au charme de sa pensée.

La coquille est une faute qui ne porte que sur une seule lettre

Un point essentiel, que négligent trop d'ouvriers, c'est, en distribuant, de remettre les espaces, selon leur force, dans leurs cassetins respectifs. On peut reconnaître un compositeur soigneux à l'attention qu'il apporte au triage des espaces en distribuant; ce soin, il est vrai, réclame de sa part du temps et des précautions; mais, en composant, il retrouve une large compensation, parce qu'il n'est plus obligé à des recherches qui ralentissent toujours la justification.

mise à la place d'une autre. On conçoit donc qu'elle puisse échapper facilement à l'attention du correcteur, et plus encore quand cette malencontreuse lettre laisse un sens à la phrase. Au risque de distraire mon lecteur, voici dans ce genre quelques méfaits de la coquille.

Dans un journal sérieux de Paris, on a pu lire un matin cette petite nouvelle :

« M. Guizot s'est *p*endu aujourd'hui à Saint-Cloud près du Roi. »

Eh bien, ce vilain *p* a eu le pouvoir, pendant quelques heures, de jeter l'épouvante dans les esprits. M. Guizot s'était tout simplement *rendu* près du Roi.

En voici une autre du même journal, qui, paraît-il, était coutumier du fait. Un de mes amis, qui avait été décoré la veille, a eu la satisfaction de lire dans le journal du lendemain :

« M. Delsarte, capitaine de la garde nationale, a été *dévoré* hier à la tête de sa compagnie. »

Enfin, sous le règne de Louis-Philippe, une coquille a fait dire à un grave ministre, dont les forces étaient épuisées par une discussion de tribune et un discours très-étendu :

« Messieurs, je demande que la discussion soit renvoyée à demain, je suis à bout de mes *farces*. »

Lorsque, dans la distribution, il se rencontre de l'italique, des petites capitales, etc., il est de bon ordre de les distribuer ou mettre en place sur-le-champ. Si elle contient des caractères ou des signes particuliers, tels que ceux de l'algèbre, du grec, de l'arabe, etc., ils doivent être remis aussitôt au chef du matériel.

Pour distribuer avec plus de facilité, il faut mouiller préalablement la composition avec une éponge. L'eau pénètre entre les lettres et leur permet de glisser plus aisément dans les doigts.

Les caractères, après avoir servi, se noircissent et s'encrassent, de telle sorte qu'il se produit parfois entre eux une adhérence qui rend la distribution difficile. Il est bon, dans ce cas, de mouiller la lettre avec une eau dans laquelle on aura fait dissoudre un peu d'alun. Cette précaution a pour effet de tenir le caractère toujours propre et de le faire sécher plus promptement dans la casse.

Quand les caractères neufs et ceux qui sont restés longtemps sans emploi présentent le même inconvénient, il faut faire tiédir la dissolution.

XI.

LA MISE EN PAGES.

Des diverses opérations qui constituent la profession de compositeur d'imprimerie, la composition proprement dite, qui tient cependant la plus large place dans les travaux, est peut-être celle qui, à l'exécution, présente le moins de difficultés; car, en y apportant de l'attention et de la volonté, on arrive assez promptement à bien faire ce qu'on est convenu d'appeler *des lignes*.

Savoir composer simplement des lignes, et les composer purement surtout, est un excellent pas de fait; mais dans cette voie ce n'est que le premier.

Il faut se familiariser avec bien d'autres connaissances, telles que la mise en pages, l'imposition, la correction, les tableaux, la composition des titres, des ouvrages de ville, et enfin une multitude de travaux de genres divers qu'on ne saurait énumérer, mais qui exigent de la part de celui qui exécute la connaissance parfaite du métier et une somme de goût qui ne s'obtient que par la pratique.

Quand il s'agit de commencer un volume, quel qu'en soit le format, plusieurs compositeurs prennent ordinairement part à ce travail; le prote remet le manuscrit ou la *copie* à l'un d'eux, qui est chargé spécialement de la direction, de la bonne exécution du travail et de ce qu'on appelle la *mise en pages*, d'où lui vient son nom de *metteur en pages*. Les autres s'occupent plus spécialement de la composition du texte, qui constitue le fond même de l'ouvrage, et n'ont à se préoccuper d'aucun des détails qui peuvent s'y rattacher.

Plusieurs conditions sont indispensables pour qu'une mise en pages soit exécutée convenablement dans toutes ses parties.

Le premier soin du metteur en pages est de prendre une connaissance au moins sommaire du travail qui lui est confié; il doit se rendre compte du sujet traité, savoir s'il comporte des divisions et subdivisions, des tableaux, des notes, etc., et si, par certains côtés, il ne présente pas quelques difficultés d'exécution. Un bon metteur en pages se familiarise d'abord avec toutes les parties du manuscrit, le régularise, et au besoin cote les feuillets avant de les remettre aux compositeurs, et fait exécuter par avance les parties qui pourraient arrêter ou ralentir le travail. Cette connaissance du manuscrit lui est nécessaire à un autre point de vue : il faut qu'il puisse en raisonner sciemment avec l'auteur, dans le cas où il serait mis en rapport direct avec lui, ce qui peut arriver dans le cours de l'impression d'un livre.

Cette connaissance une fois acquise, il délivre à chacun des compositeurs, par fractions et successivement, les feuillets du manuscrit, en leur donnant, s'il y a lieu, les instructions particulières relatives à la composition; car il est des écrivains qui parfois repoussent les habitudes admises, et certains ouvrages spéciaux en exigent de nouvelles. Il écrit sur le premier feuillet de chaque part de côpie le nom de celui à qui elle est remise, et prend soin de l'inscrire sur son cahier de notes, de manière à savoir à qui elle est confiée.

Lorsque ces diverses parties sont composées, elles ne représentent encore que des fragments épars; elles ne forment pas des pages régulières, et sont désignées sous le nom de *paquets;* de là celui de *paquetiers* donné aux compositeurs.

Quand le paquetier a terminé les feuillets de manuscrit, il doit les rendre aussitôt au metteur en pages pour en recevoir de nouveaux.

Quel que soit le format d'un livre, la feuille étant considérée comme l'unité, c'est par feuille qu'on procède. Quand la composition exécutée permet d'établir une feuille, le metteur en pages réunit tous les éléments qui lui sont nécessaires, et procède à la mise en pages. A cet effet, il recueille et met en ordre les feuillets de la copie et demande aux paquetiers les compositions qui correspondent à ces diverses parties du manuscrit.

Pour opérer avec certitude, le metteur en pages doit avoir une bonne *galée,* pourvue d'une équerre en fer parfaitement juste; c'est sur cette galée qu'il va faire passer successivement toutes les compositions pour en former des pages régulières; cette régularité s'obtient à l'aide de ce qu'on appelle la *réglette de longueur* ou de mise en pages : c'est elle qui va lui servir à justifier les pages sur la galée, car il faut qu'elles présentent dans leur longueur autant de rectitude qu'une ligne bien justifiée. Voici comment on fait cette réglette :

On établit une page provisoire en mettant sur la galée le nombre de lignes convenu, on y ajoute en tête une ligne de folio ou de titre courant, sous laquelle on place au moins deux interlignes pareilles à celles qui sont adoptées pour le texte, et l'on met en pied une ligne de cadrats du corps; ensuite on redresse la page pour que les lignes soient bien d'aplomb, puis, de la main droite, on applique sur l'extrémité libre des lignes une réglette en plomb, tandis que la main gauche imprime à la page une pression qui fait disparaître l'élasticité des interlignes; la page ainsi maintenue, on indique par un trait sur la réglette la limite extrême où elle se termine, et l'on y pratique une encoche qui devient le point d'arrêt, la mesure fixe à observer pour toutes les pages. Chacune d'elles devra atteindre, sans la dépasser, la marque indiquée sur la réglette.

Pour éviter toute surprise, il faut d'un coup d'œil s'assurer qu'il ne s'est pas glissé quelque interligne étrangère, plus ou moins forte que celle adoptée couramment dans l'ouvrage; autrement il se produirait une différence de longueur dont la cause pourrait échapper au correcteur. Les pages doivent présenter une régularité si parfaite entre elles, qu'à l'impression les lignes d'une page *verso* tombent exactement sur les lignes de la page imprimée au *recto*.

Au début du travail de mise en pages, il est assez ordinaire de laisser de côté le grand titre, le faux titre, et même les pièces préliminaires, telles que Préface, Avant-Propos, Dédicace, etc. La mise en pages ne commence donc, le plus souvent, qu'au titre de départ du texte; ce titre, autant que possible, doit ne pas dépasser le tiers de la page et occuper exactement la place d'un nombre de lignes déterminé. Le plus souvent on le sépare du texte par un filet maigre s'étendant sur une partie ou sur la totalité de la justification. Sous ce filet viennent se placer les mots *Livre, Chapitre,* accompagnés, s'il y a lieu, de leur sommaire; alors on emprunte au premier paquet de composition le nombre de lignes nécessaire pour compléter cette page, on y ajoute la ligne de pied, et, à l'aide de la réglette, on lui donne sa longueur exacte, puis on la lie solidement, pour la placer ensuite sous le rang après l'avoir mise sur un porte-page.

Commençons par dire que la première page de chaque feuille doit porter une mention particulière. Pour éviter de confondre les feuilles après l'impression, on donne à chacune d'elles un numéro d'ordre, qui prend le nom de *signature;* ce numéro se place dans la ligne de pied, presque à son extrémité de droite. Si l'ouvrage forme plusieurs volumes, on distingue les feuilles de chaque volume par un second chiffre qui s'appelle *tomaison,* lequel se place sur la même ligne, mais à l'extrémité opposée à la signature. La tomaison s'indique en chiffres romains et en petites capitales, la signature par des chiffres arabes.

Quand une feuille est composée de plusieurs cahiers, comme l'in-12, l'in-16, l'in-18, etc., chaque première page de cahier reçoit une signature qui indique son numéro d'ordre.

Lorsqu'un carton, ou *encart,* doit être placé au centre d'un cahier, il faut que ce carton porte la même signature que celle du cahier, mais ponctuée, c'est-à-dire suivie d'un point.

Pour la deuxième page, comme pour les suivantes, on met d'abord en tête de la galée le titre courant et le nombre d'interlignes qui doivent le séparer du texte; on en rapproche la composition réservée du premier paquet, que l'on fait suivre du deuxième et à l'aide duquel on complète la page; puis, après y avoir ajouté la ligne de pied, on la passe à la réglette pour s'assurer qu'elle est juste, et l'on continue ainsi successivement jusqu'à la fin de la feuille.

Pendant cette opération, le metteur en pages a constamment sous les yeux les feuillets du manuscrit; il les consulte incessamment, afin de placer avec exactitude les notes, les citations, les titres de division et de subdivision, les notes marginales si l'ouvrage en comporte, enfin tous les détails qui se rattachent à la mise en pages et dont le paquetier n'a pas eu à s'occuper. Il s'assure, par le rapport du manuscrit avec la composition, qu'aucun alinéa n'a été omis. S'il remarque qu'une composition est défectueuse, exécutée contrairement aux règles, mal justifiée ou mal espacée, il adresse ses observations au compositeur; si, malgré ses avertissements, il y a récidive ou incapacité évidente, il peut refuser d'occuper l'ouvrier, car la responsabilité du metteur en pages embrasse l'ensemble des travaux.

Tous les titres ou faux titres des grandes divisions doivent être identiques et offrir le même aspect dans tout le cours de l'ouvrage; il est nécessaire que les caractères employés, la disposition des blancs, soient constamment les mêmes. Le metteur en pages prend note des conditions dans lesquelles le premier de ces titres a été fait, ou mieux en conserve une épreuve, afin de reproduire identiquement les autres quand ils se présenteront. Son goût lui indiquera le choix et le genre de caractères à employer, selon la place dont il dispose, de même que la proportion des blancs à répartir entre les lignes.

Il aura soin d'observer une parfaite similitude dans le choix des caractères et dans l'espace accordé à chacun de ces titres, afin d'établir une régularité complète entre eux. De même que la partie supérieure de la page qui commence un chapitre occupera toujours un nombre de lignes déterminé, de même la partie inférieure doit présenter un nombre invariable de lignes de texte; malheureusement on est parfois contraint d'enfreindre cette règle, surtout quand les titres ou les sommaires présentent des développements trop considérables.

Ces grandes divisions commencent ordinairement en tête de page, quelquefois en *belle page*, c'est-à-dire au recto; parfois aussi elles sont précédées d'un faux titre; il n'y a pas de règle absolue à cet égard, ces dispositions étant toutes conventionnelles.

Une fin de Livre ou de Chapitre ne peut former une page si elle ne comporte que trois ou quatre lignes. Dans ce cas on avise à augmenter le nombre de ces lignes, ou à les regagner dans les pages qui précèdent.

Toute note doit être placée dans la page où se rencontre son chiffre de renvoi, ou autrement dit l'*appel de note*; mais lorsque son étendue ne permet pas de l'y faire entrer complétement, on reporte alors à la page suivante la partie surabondante. Dans ce cas, autant qu'il est possible, il faut couper la note en deux parties égales. On peut en voir un exemple, pages 64 et 65.

On emploie toujours pour les notes un caractère de 2 ou 3 points plus faible que celui du texte.

La note ne peut trouver sa place qu'aux dépens

du texte, dont il faut alors réduire le nombre de lignes; il en est de même du blanc qui doit la séparer du texte. C'est là une opération simple, mais qui demande à être faite avec précision.

Supposons que nous ayons à mettre de longueur une page in-8° de 30 lignes, composée en dix et interlignée de 2 points; chaque ligne dans ce cas représente 12 points; 30 lignes multipliées par 12 donnent 360 points pour la longueur totale de la page : c'est à ce chiffre (qui varie selon la nature du caractère) qu'il faut ramener toutes les pages, pour qu'elles soient régulières entre elles.

Supposons encore que la note à placer forme 9 lignes de huit interlignées d'un point et demi; chaque ligne offre alors 9 points et demi, et les 9 lignes ensemble 85 points et demi.

Voici, dans ces conditions, comment la page s'établira :

Texte : 22 lignes de 12 points, ou	264 points.
Note : 9 lignes de 9 points 1/2, ou	85 p. 1/2.
Blanc de note	10 p. 1/2.
Longueur normale.	360 points.

On comprend que le blanc de note ne saurait être fixe et toujours le même; il est, au contraire, variable et subordonné à la différence produite par l'emploi de divers caractères ; c'est, en quelque sorte, un appoint qui augmente ou diminue selon la circonstance. Toutefois, à moins d'impossibilité absolue, ce blanc ne saurait représenter moins d'une ligne de texte.

Pour bien justifier une page, il faut donc se rendre compte des diverses parties dont elle est formée, afin d'atteindre, sans le dépasser, le nombre de points qu'elle comporte ; c'est une simple addition dont le total et les chiffres partiels doivent être exacts. S'il se produit une différence en plus ou en moins sur la longueur de la page, c'est qu'il s'est glissé dans la composition une ou plusieurs interlignes d'un corps étranger, qu'il faut chercher et remplacer.

Quand une citation ou une opération en caractère autre que celui de l'ouvrage se présente dans une page, celle-ci s'en trouve naturellement modifiée ; mais, quels que soient les éléments qui la composent, elle doit toujours offrir la même longueur mathématique. Donc il est essentiel de se bien rendre compte du nombre de points de cette intercalation, pour n'emprunter au texte qu'une somme égale de points ; toute appréciation faite soit au doigt, soit à l'œil, où le calcul aura été négligé, n'offrira qu'une opération douteuse.

Le calcul, nous ne saurions trop le redire, est

la base de tous les travaux de composition; aucun ne saurait être bien exécuté s'il n'est établi et compté par points; ce précepte s'applique plus particulièrement encore aux tableaux, puisque toutes les pièces avec lesquelles on opère sont fondues avec une précision qui permet de les combiner mathématiquement.

Ces combinaisons ne peuvent être déçues que si, par la faute du fondeur, quelqu'une de ces pièces manque de précision; il n'est pas sans exemple que ce fait se produise, au grand regret des bons compositeurs, qui avisent alors à y remédier.

Nous avons dit que la première page d'un livre en reproduit le titre abrégé ou complet; c'est ce qu'on appelle *titre de départ*, parce que c'est là, en effet, le point de départ du texte; les autres pages reçoivent en tête soit un simple folio, qui se place au centre de la ligne, soit un *titre courant*, qui reproduit tout ou partie du titre de l'ouvrage, ou seulement une de ses divisions; cette ligne, selon le format, se compose en grandes ou en petites capitales espacées; on ne néglige l'espacement que lorsque l'étendue du titre courant s'y oppose.

Parmi les capitales il en est qui, par leur forme, portent plus de blanc que les autres, surtout quand elles se trouvent rapprochées, comme l'A et le V par exemple, comme dans les mots suivants : **RAVAGE**, **AVARE**, etc. Il faut donc tenir compte de ce fait si l'on veut espacer régulièrement ; car le blanc normal, augmenté par la rencontre de ces lettres, oblige à espacer plus ou moins fortement celles qui précèdent et celles qui suivent.

Le titre courant se place toujours au centre de la ligne ; le folio est rejeté à l'une des extrémités de la justification, à gauche quand la page est *verso*, à droite si elle est *recto*, et il est considéré comme faisant partie du blanc à observer de chaque côté de ce titre courant.

Dans les grands formats, à partir de l'in-4°, les titres courants se font en grandes capitales.

Chaque page se termine par une ligne de cadrats du corps, qui sert à la maintenir, et qu'on nomme *ligne de pied*.

Aucune page ni aucune colonne ne doit commencer par une ligne qui n'est pas pleine, c'est-à-dire remplie par le texte jusqu'à l'extrémité de la justification ; c'est au metteur en pages à trouver le meilleur moyen d'obvier à cette difficulté, qui exige parfois des remaniements.

On sait déjà que toutes les pages doivent avoir le même nombre de lignes ; aucune ne peut être ni plus longue ni plus courte, à moins d'impossibilité matérielle absolue.

Si, malgré les efforts faits pour l'éviter, on est contraint de faire une page longue, la ligne surabondante prend la place de la ligne de pied.

Si, au contraire, il s'agit d'une page courte, la ligne retranchée est remplacée par une seconde ligne de pied.

Si l'on fait une page courte ou longue, il faut que celle qui tombe en retiration sur cette page soit dans les mêmes conditions de longueur.

Les pages liées, après mise en pages, se placent sur la tablette du rang, de manière à séparer celles du côté de première de celles du côté de seconde. Voici comment on superpose les pages d'une feuille in-octavo :

COTÉ DE PREMIÈRE :	COTÉ DE DEUX :
16	15
13	14
12	11
9	10
8	7
5	6
4	3
1	2

Quand le nombre des pages est suffisant pour en former une feuille, on procède à l'*imposition*. Le chapitre suivant expliquera ce qu'on entend par ce mot.

L'imposition terminée, le metteur en pages transporte les formes à une presse spéciale, où un employé est chargé d'en faire la première épreuve, qui prend le nom de *première typographique ;* puis elle est remise au correcteur avec les feuillets de copie qui ont servi à l'établir; sur le dernier de ces feuillets le metteur en pages indique par un trait le point exact, la ligne, le mot, la fraction de mot même, où se termine cette feuille, et inscrit le nom du compositeur à qui appartient cette composition. Voici comment se formule en marge cette indication après la feuille première :

[*feuille 2 — f° 17 — M. Leroux.*

Ce point d'arrêt prend le nom de *réclame;* il a une sérieuse importance; c'est l'indication certaine de l'endroit où finit cette feuille et de celui où commence celle qui suit; l'omettre serait s'exposer à de graves erreurs, à des solutions de continuité qui peuvent avoir des conséquences fâcheuses. Le même soin doit être pris pour chaque feuille.

Le correcteur, après avoir lu la feuille et reporté sur la grande marge les noms des compositeurs à mesure qu'il les rencontre sur la copie, l'envoie au metteur en pages.

Celui-ci remet alors les formes sur le marbre[1], les desserre et appelle chacun des paquetiers à corriger, tour à tour, la part de composition qui lui incombe.

Il est essentiel que le compositeur ne quitte pas le marbre sans s'assurer préalablement de la bonne exécution de ses corrections; il n'est pas rare, malheureusement, de voir des compositeurs, négligents ou inhabiles, commettre, en corrigeant, des fautes nouvelles, parfois plus graves que celles relevées par le correcteur, ou omettre une partie de celles indiquées sur l'épreuve.

En cas de malfaçon, le metteur en pages oblige le compositeur à réparer le mal; car le paquetier doit une composition bien faite et bien corrigée, et la rectification de ses fautes, nous ne saurions trop le redire, est un temps complétement improductif pour lui; il a donc un puissant intérêt à livrer au metteur en pages une composition, sinon entièrement irréprochable, du moins aussi pure que possible.

Après la correction des paquetiers, le metteur

1. Le marbre est une espèce de table sur laquelle on place les *formes* pour effectuer les corrections. Ces tables, dans l'origine, étaient recouvertes d'une plaque de marbre; plus tard, le marbre fut remplacé par des pierres épaisses et dures que l'on faisait polir; aujourd'hui la fonte est substituée avec avantage à la pierre, mais le nom de *marbre* est resté.

en pages, à son tour, corrige tout ce qui lui est personnel, les notes, titres, sommaires, titres courants, etc., enfin tous les détails se rattachant à la mise en pages; puis il resserre les formes, fait faire une nouvelle épreuve, et cette épreuve, adressée pour la première fois à l'auteur, prend le nom de *première d'auteur*.

Jusqu'à la fin de l'ouvrage, on opère successivement pour toutes les feuilles comme nous venons de l'indiquer pour la première.

Le plus souvent un auteur demande à revoir plusieurs épreuves de la même feuille, et il n'est pas rare que, chaque fois, il trouve de nouvelles corrections à y faire. Dans ce cas, le metteur en pages donne un numéro d'ordre aux épreuves, et, selon leur rang, les désigne par *première, deuxième, troisième d'auteur;* on les corrige à nouveau, pour être renvoyées à l'auteur avec l'épreuve précédente, jusqu'à ce que celui-ci, n'ayant plus besoin de les revoir, les retourne à l'imprimerie après y avoir ajouté ces mots : *Bon à tirer*.

« De toutes les opérations relatives à la composition, dit très-justement M. Fournier, la mise en pages, par la variété et la multiplicité de ses fonctions, est celle qui exige au plus haut degré les connaissances typographiques. L'ouvrier auquel on la confie doit s'être préalablement exercé à tous les genres de travaux qui entrent dans la composition. Si son expérience ne le place au-dessus des difficultés qui s'y présentent fréquemment, et ne le met à même de les résoudre avec sûreté; si ce tact et ce goût qui doivent toujours présider aux dispositions qu'il crée, ou aux améliorations qu'il découvre, ne le distinguent des simples compositeurs; enfin s'il n'est doué de l'intelligence et de l'activité nécessaires pour diriger la marche d'un ouvrage et la suivre dans ses différentes périodes, il ne peut occuper convenablement parmi ses confrères le rang à la fois honorable et avantageux de metteur en pages[1]. »

La page ci-contre offre le tableau des folios correspondant à chaque signature des feuilles, quel que soit leur format.

1. *Traité de la Typographie*, par Henri Fournier, 3e édition.

SIGNATURES DES FEUILLES.	PAGINATION PAR FEUILLE, SUIVANT LES FORMATS.								
	IN-PLANO.	IN-FOLIO.	IN-4.	IN-8.	IN-12.	IN-16.	IN-18.	IN-24.	IN-32.
1.........	1 à 2	1 à 4	1 à 8	1 à 16	1 à 24	1 à 32	1 à 36	1 à 48	1 à 64
2.........	3.4	5.8	9.16	17.32	25.48	33.64	37.72	49.96	65.128
3.........	5.6	9.12	17.24	33.48	49.72	65.96	73.108	97.144	129.192
4.........	7.8	13.16	25.32	49.64	73.96	97.128	109.144	145.192	193.256
5.........	9.10	17.20	33.40	65.80	97.120	129.160	145.180	193.240	257.320
6.........	11.12	21.24	41.48	81.96	121.144	161.192	181.216	241.288	321.384
7.........	13.14	25.28	49.56	97.112	145.168	193.224	217.252	289.336	385.448
8.........	15.16	29.32	57.64	113.128	169.192	225.256	253.288	337.384	449.512
9.........	17.18	33.36	65.72	129.144	193.216	257.288	289.324	385.432	513.576
10........	19.20	37.40	73.80	145.160	217.240	289.320	325.360	433.480	577.640
11........	21.22	41.44	81.88	161.176	241.264	321.352	361.396	481.528	641.704
12........	23.24	45.48	89.96	177.192	265.288	353.384	397.432	529.576	705.768
13........	25.26	49.52	97.104	193.208	289.312	385.416	433.468	577.624	769.832
14........	27.28	53.56	105.112	209.224	313.336	417.448	469.504	625.672	833.896
15........	29.30	57.60	113.120	225.240	337.360	449.480	505.540	673.720	897.960
16........	31.32	61.64	121.128	241.256	361.384	481.512	541.576	721.768	961.1024
17........	34.34	65.68	129.136	257.272	385.408	513.544	577.612	769.816	1025.1088
18........	35.36	69.72	137.144	273.288	409.432	545.576	613.648	817.864	1089.1152
19........	37.38	73.76	145.152	289.304	433.456	577.608	649.684	865.912	1153.1216
20........	39.40	77.80	153.160	305.320	457.480	609.640	685.720	913.960	1217.1280

XII.

L'IMPOSITION ET LES GARNITURES.

L'*Imposition* consiste à disposer les pages sur le marbre selon certaines combinaisons, d'où il résulte que chacune d'elles se présente à son ordre numérique lorsque plus tard la feuille de papier est imprimée et pliée selon la règle.

Placées dans un cadre en fer ou *châssis*, on les entoure de garnitures en plomb, qui les séparent et les maintiennent, ainsi que nous l'avons dit au chapitre V; puis, de la main droite, on dégage avec légèreté et successivement chacune d'elles de la ficelle qui l'entoure, en commençant par celles qui sont le plus près de la barre du châssis, tandis que la main gauche, ouverte et à plat sur celle que l'on délie, la maintient pour empêcher tout dérangement de se produire. Enfin on les fixe solidement dans le châssis en les serrant à l'aide de biseaux et de coins en bois, de manière à en former une planche solide, transportable, dont aucune lettre ne puisse tomber.

Le compositeur appelle *feuille* le nombre de pages nécessaire à couvrir la superficie du papier *recto* et *verso*, quel que soit le format. Ainsi la feuille in-4° contient huit pages; la feuille in-8°, seize pages; la feuille in-12, vingt-quatre pages, etc.

La feuille de papier devant être imprimée des deux côtés, il s'ensuit que chaque feuille de composition exige deux châssis correspondants.

Tout châssis garni de pages serrées prend le nom de *forme;* celui où se rencontre la première page s'appelle *côté de première;* l'autre, où se trouve la deuxième page, prend le nom de *côté de deux.*

La mise en châssis est précédée d'une autre opération : c'est l'établissement premier des garnitures par rapport au format du papier de l'ouvrage.

Dans le livre ouvert, la page imprimée doit occuper une place qui est déterminée par le goût et l'usage, c'est-à-dire ni au centre du papier, ni trop haut, ni trop bas, en sorte que les marges qui l'entourent ne soient jamais égales entre elles.

De la disposition des blancs de la garniture dépend la bonne physionomie de l'ensemble du livre; c'est là une chose tellement essentielle, que, si les marges ont été mal combinées, si elles n'offrent pas le rapport voulu, ce livre sera du plus désagréable aspect, et l'on aura perdu ainsi le bénéfice des soins apportés à ses autres parties.

Une garniture bien faite est donc celle qui a le mérite de mettre les pages à la place précise qu'elles doivent occuper sur le papier.

Pour l'établir exactement, il est un moyen que nous devons à l'expérience, qui nous a toujours réussi, et que, pour cette raison, nous n'hésitons pas à recommander : il consiste à plier très-exactement une feuille du papier de l'ouvrage ainsi qu'elle devra l'être après l'impression, en tenant compte de la *fausse marge*, qu'on ne doit pas exagérer [1] ; on pose la page de composition sur cette feuille, comme on ferait sur un porte-page, et on l'arrête très-exactement à la place qu'elle doit occuper à l'impression ; puis à l'aide d'une pointe on pique légèrement la feuille à chacun des angles de cette page, mais assez fortement cependant

1. Voici ce qu'on entend par fausse marge. Quand on plie la feuille en vue d'établir une garniture, et qu'on arrive à faire le dernier pli, c'est-à-dire celui qui donne le format, au lieu de plier exactement le papier angle sur angle, comme cela doit être observé pour les plis précédents, on laisse déborder légèrement le côté qui offre les bords de la feuille. Ce débord sert à parer aux irrégularités de coupe que le papier ne présente que trop souvent. S'il est d'une coupe régulière, la fausse marge ne doit pas dépasser deux à trois millimètres, principalement dans les petits formats.

pour que la feuille soit percée d'outre en outre; cela fait, on la déplie, et les piqûres du premier feuillet, reproduites sur tous les autres, indiquent la place de chacune des pages. On apprécie alors d'un coup d'œil toutes les distances à observer entre elles; et, par cette simple opération, on obtient à la fois les blancs de fond, de tête, et de la barre du châssis.

L'établissement régulier des garnitures tient une telle place dans la bonne exécution d'un livre, qu'elle a arrêté l'attention d'un praticien habile, M. Henri Maréchal, qui a publié sur ce sujet un travail où, à l'aide du calcul, il a posé des règles fixes pour l'exécution des garnitures[1].

Néanmoins il ne faut pas négliger de vérifier l'exactitude de l'opération sur une feuille du papier qui doit servir à l'impression de l'ouvrage, par cette raison que les papiers fabriqués à la mécanique, presque seuls employés aujourd'hui, offrent parfois des différences sensibles de dimension entre les feuilles, et par là exposent à des surprises désagréables dont il faut se défier. Il est donc prudent d'établir la garniture sur une feuille moyenne, qui tienne le milieu entre les plus

1. Depuis la publication de notre première édition, M. Maréchal nous a autorisé à reproduire ce travail, qu'on trouvera en appendice à la fin de ce volume.

grandes et les plus petites d'une même rame.

L'impression d'un volume nécessite plusieurs garnitures. Dès qu'on s'est assuré de l'exactitude de la première, celle-ci sert de modèle à l'établissement des autres. Au fur et à mesure du tirage, ces garnitures reviennent au metteur en pages, qui s'en sert de nouveau pour l'imposition des feuilles suivantes ; si, par exemple, il a été établi six garnitures, celle de la feuille 1re servira à imposer la feuille 7, celle de la feuille 2 servira à la feuille 8, et ainsi de suite.

On ne doit mettre les feuilles en distribution qu'après s'être assuré que le tirage en est complétement effectué, et ne les désimposer que dans l'ordre régulier des signatures.

Il est certains ouvrages qu'on est appelé à imprimer successivement sur deux formats de papier, l'un plus grand que l'autre, pour obtenir des marges plus larges ; dans ce cas, les garnitures subissent sous presse une modification qui consiste à augmenter en tous sens la distance qui sépare les pages. Quand il en est ainsi, il faut, en établissant la garniture, se servir d'un châssis de plus grande dimension, pour qu'il puisse contenir à la fois les blancs ordinaires et les blancs supplémentaires ; le tirage alors comporte ce qu'on appelle les *petits* et les *grands blancs*.

Ces blancs ou plombs additionnels se placent en dehors des pages, entre elles et le châssis, partie en tête, partie en pied, et aussi près des biseaux de droite et de gauche; quand le tirage des petits blancs est terminé, les plombs sont enlevés pour prendre place proportionnellement dans l'intérieur de la forme, entre les pages, aux têtes, aux fonds et à la barre du châssis. La force de ces plombs a dû préalablement être combinée selon les dimensions du grand papier.

Il est aussi un autre genre de garnitures, dites *garnitures de placards*. Le placard est une épreuve rudimentaire, où la composition, au lieu d'être divisée en pages, présente simplement les paquets en forme de longues colonnes.

L'origine et le motif de cet usage ne remontent guère au delà d'une vingtaine d'années. Les auteurs s'étant laissés aller à la fâcheuse habitude de ne plus faire recopier leur manuscrit original, et même, disons-le, de confier hâtivement à l'impression le premier jet de leur pensée, il en résulte qu'au moment où ils se relisent *imprimés*, les imperfections qui leur avaient échappé d'abord apparaissent très-visibles et entraînent des corrections importantes.

Or, si la composition est mise en pages, il s'ensuit des remaniements successifs, opérations longues et par conséquent coûteuses, que l'éditeur et l'imprimeur lui-même désirent éviter; on échappe en partie à ces inconvénients, mais en partie seulement, au moyen des placards.

Les garnitures de placards, n'étant que provisoires, sont très-simples, presque arbitraires, et n'entraînent aucune combinaison. Les colonnes doivent être séparées par des plombs assez forts, afin d'obtenir de grandes marges destinées à recevoir les modifications de l'auteur. S'il s'agit d'un in-8°, on impose quatre colonnes dans un châssis de raisin; ces colonnes doivent être foliotées. La première part de la droite du châssis; elle porte en tête le numéro d'ordre du placard et son folio : *Placard n° 1, 1re colonne; placard n° 2, 5e colonne.* Quand on forme des placards d'articles divers pour journaux, chaque paquet porte un numéro d'ordre. Les placards n'ont pas de retiration[1]; les épreuves se font en blanc; faire une épreuve *en blanc,* c'est n'imprimer la feuille que d'un seul côté et laisser l'autre blanc.

Pour faciliter l'appréciation de la quantité de

1. Le mot *retiration* peut venir du verbe *retirer,* tirer de nouveau, ou du substantif *réitération,* corrompu par le langage technique. Ce qui viendrait à l'appui de cette seconde hypothèse, c'est que les Anglais le traduisent par *reiteration.* (HENRI FOURNIER, *Traité de la Typographie.*)

travail effectué, il faut, s'il est possible, que chaque placard contienne la matière d'une demi-feuille de composition.

La manière de placer les pages, quoique dérivant d'un principe unique pour tous les formats, varie cependant selon leur nature.

Les impositions offrent de très-nombreuses combinaisons. Telle feuille peut être imposée de façon à former trois cahiers, ou deux, ou même un seul; plusieurs feuilles peuvent être réunies en un cahier. Nous nous bornerons à indiquer ici les impositions les plus usuelles et qu'il est le plus indispensable de connaître : l'in-folio, l'in-4°, l'in-8°, l'in-12 et l'in-18. Toutes les autres découlent du même principe, et la plupart ne se présentent qu'exceptionnellement[1].

Dans les premiers exemples, afin d'être mieux compris de nos enfants, nous avons figuré les pages dans les châssis en fer, accompagnées des biseaux et des coins à la place qu'ils doivent occuper pour que les formes soient convenablement serrées, soin qu'il est important d'observer sous peine d'accident grave.

1. Tous les manuels relatifs à l'imprimerie offrent des modèles d'impositions, mais on en trouvera une complète collection, depuis l'in-folio jusqu'à l'in-128, dans le livre didactique de M. Théotiste Lefevre.

ORIGINE

DE

L'IMPRIMERIE

C'est un fait digne de remarque, que l'invention qui a contribué le plus puissamment à perpétuer les souvenirs historiques n'ait pu jusqu'à ce jour répandre la lumière sur le mystère qui enveloppe sa propre origine. Trois villes, Mayence, Strasbourg et Harlem, se disputent l'honneur

1

ORIGINE 4

prétendons pas jeter une lueur nouvelle sur une question discutée par les écrivains les plus éclairés ; nous nous bornerons à présenter le résumé succinct des opinions qui s'accordent le plus avec la vraisemblance, et que doivent faire prévaloir le nombre aussi bien que la consistance des autorités qui les ont soutenues, jusqu'au jour où quelque monument authentique fera jaillir la vérité de ce faisceau de conjectures.

Vers l'année 1440 [1], Jean Gensfleich, ou Gutenberg, sur-

[1] Cette date paraît devoir être admise sans contestation. — A.-F. Didot, « Essai sur la Typographie. »

IN-QUARTO. — CÔTÉ DE PREMIÈRE.

— 8 —

depuis huit ans il s'occupait de mener à fin son entreprise, et se rendit à Mayence. Ce fut dans cette ville qu'il s'adjoignit d'abord Jean Fust, ou Faust, qui y exerçait la

— 1 —

nom qu'il a depuis immortalisé, né en 1400 d'une famille noble de Mayence, conçut le dessein de substituer au travail long, dispendieux et souvent très-imparfait des scribes,

1

— 5 —

nouveaux types dans les manuscrits les plus parfaits de cette époque, et il se livra avec ardeur à l'exécution de son projet. Mais les frais résultant de ces premiers

— 4 —

de composition et mise en contact avec une feuille de vélin ou de papier, dût offrir une empreinte analogue à celle de l'écriture. Il choisit en conséquence les formes de ses

3 DE L'IMPRIMERIE.

des plus savantes investigations n'a donné pour résultats que des probabilités plus ou moins fondées, mais jamais une évidence suffisante pour triompher des scrupules de l'histoire.

Depuis le commencement du XVIe siècle jusqu'au nôtre, un grand nombre d'ouvrages ont été publiés sur cette matière dans différentes langues. Les historiens et les bibliographes se sont livrés aux recherches les plus laborieuses, sans parvenir à une certitude irréfragable sur aucun des trois points controversés. Nous ne

ORIGINE 2

d'avoir été le berceau de l'imprimerie. Quant à l'époque de sa naissance, on la fait généralement remonter à la moitié du XVe siècle. Il résulte néanmoins de l'hésitation des érudits sur ce point une incertitude qui porte à la fois sur l'auteur, sur le lieu et sur l'année de cette découverte. Si l'on considère la proximité des temps et des pays témoins de cet événement, on s'expliquera difficilement les causes qui suspendent encore la solution définitive de ce triple problème. Le concours des traditions contemporaines et

IN-QUARTO. — CÔTÉ DE DEUX.

— 2 —

un procédé mécanique et régulier qui multipliât à l'infini les copies d'un ouvrage. Guidé sans doute par les résultats déjà connus de la xylographie[1], il imagina

1. La plus ancienne gravure

— 3 —

gina de graver sur des planches de bois des lettres en relief dont la surface, enduite d'un certain genre

sur bois que l'on connaisse accompagnée de texte, et qui ait une date, est celle d'une image de saint Christophe portant à travers la mer l'enfant Jésus. Elle est datée de 1423.

— 6 —

essais épuisèrent promptement ses ressources pécuniaires. Les avances qu'il fit pour l'achat des planches de bois, qui, employées une fois, ne pouvaient plus être d'aucune

— 7 —

utilité, la lenteur de ces travaux, l'éloignement et l'incertitude de leur produit, le déterminèrent à chercher un collaborateur.

En 1444, il quitta Strasbourg, où

— 8 —

verselle. Cette importante modification reçut une prompte exécution, et elle eut pour premiers résultats la *Grammaire de Donat*, ainsi que

— 9 —

quelques autres ouvrages. Mais Gutenberg et Faust virent bientôt que la substance de ces caractères, dont l'emploi n'était plus por-

— 12 —

Schœffer, domestique de Faust, que celui-ci avait jugé assez adroit pour seconder leur entreprise. Les travaux de Schœffer répondirent plei-

— 5 —

nouveau procédé deux traités composés pour les écoles, et dont, en raison de leur fréquent usage, il espérait débiter promptement les copies

— 1 —

profession d'orfévre, d'autres historiens disent de banquier ; et ils formèrent ensemble une association dans laquelle l'un apporta son in-

— 16 —

sept à huit ans et fut achevée en 1450. Si l'on considère les frais de tout genre que leur coûta la confection de ce grand ouvrage, les immenses

— 13 —

nement à leur attente; il grava des poinçons en relief, avec lesquels il frappa des matrices ; ces matrices, ajustées dans des moules en fer,

— 4 —

rôle se borna exclusivement à celui de bailleurs de fonds.

Pendant son séjour à Strasbourg, Gutenberg avait mis au jour au moyen de son

IN-DOUZE EN UN CAHIER. — CÔTÉ DE PREMIÈRE.

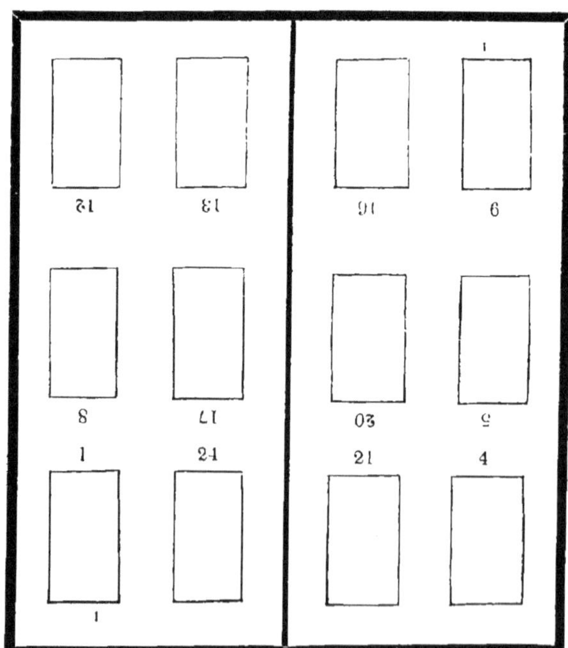

— 6 —

imprimées. On croit que Faust, initié par lui aux secrets de l'art qu'il venait de créer, et frappé de l'imperfection des planches, dont la des-

— 11 —

ques. Obligés de recourir au secours d'une main étrangère pour l'accomplissement de ce nouveau projet, ils admirent dans leur secret Pierre

— 10 —

né à une seule impression, manquait de la solidité nécessaire pour en assurer la durée ; ils imaginèrent alors de fabriquer des types métalli-

— 7 —

tination était spéciale, conçut l'idée d'en composer avec des lettres isolées, dont la libre combinaison pût acquérir une application uni-

— 3 —

ta plus tard de quelques membres dont les noms ne sont pas venus jusqu'à nous, si l'on en excepte toutefois celui de Meydenbach; mais leur

— 14 —

servirent à la fonte des caractères, dont l'alliage fut modifié jusqu'à ce qu'il eût obtenu le degré de consistance convenable[1].

1. Faust récompensa

— 15 —

Ce fut au moyen de ce dernier procédé qu'ils firent une *Bible* latine, dont l'impression dura

les soins et l'habileté de son ancien serviteur en lui donnant pour épouse sa fille unique.

— 2 —

dustrie, source probable de bénéfices ultérieurs, et l'autre une somme destinée à subvenir aux premières dépenses. Leur société s'augmen-

IN-DOUZE EN UN CAHIER. — CÔTÉ DE DEUX.

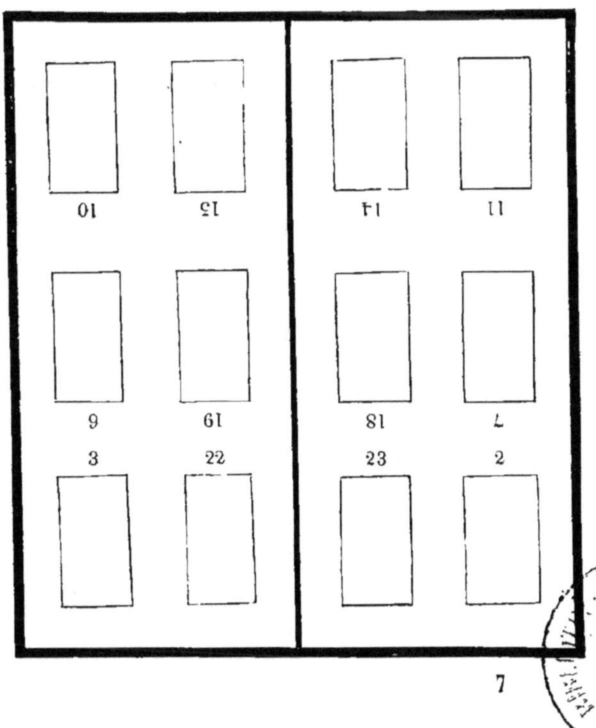

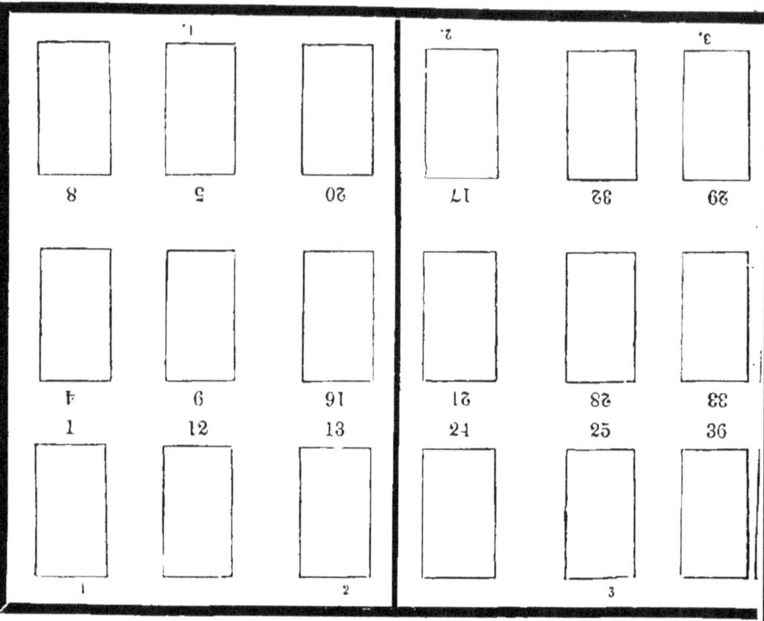

DEMI-FEUILLE EN RETIRATION SUR ELLE-MÊME
ET RETOURNÉE IN-OCTAVO.

PROSPECTUS

TRAITÉ
DE LA
TYPOGRAPHIE
PAR
HENRI FOURNIER

Depuis qu'a été publiée la seconde édition de cet ouvrage, portant la date de 1854,

des progrès évidents se sont réalisés dans la typographie. Comme bien des industries, elle a fait d'énergiques efforts pour franchir ses limites. Ces efforts, excités par les expositions universelles de 1855, 1862 et 1867, ont été couronnés de succès, et la typographie s'est placée à un rang élevé dans les Annales de l'art industriel.

— 1 —

Deux grandes causes nous séparent du bien: l'une est négative, l'autre positive. Examinons d'abord ce que nous avons de trop, nous verrons

*

— 4 —

science de nos actes, il nous semble plus commode, peut-être faudrait-il dire plus spirituel, de fausser notre nature, d'échapper à nos sentiments

— 3 —

dehors de lui-même, il vogue sans cesse vers ces deux écueils et se brise alternativement sur l'un et sur l'autre. Au lieu d'être nous et d'avoir la con-

— 2 —

après ce que nous n'avons pas assez.

Ce que nous avons à l'excès s'appelle la peur du ridicule et l'amour des plaisirs. L'homme est poussé en

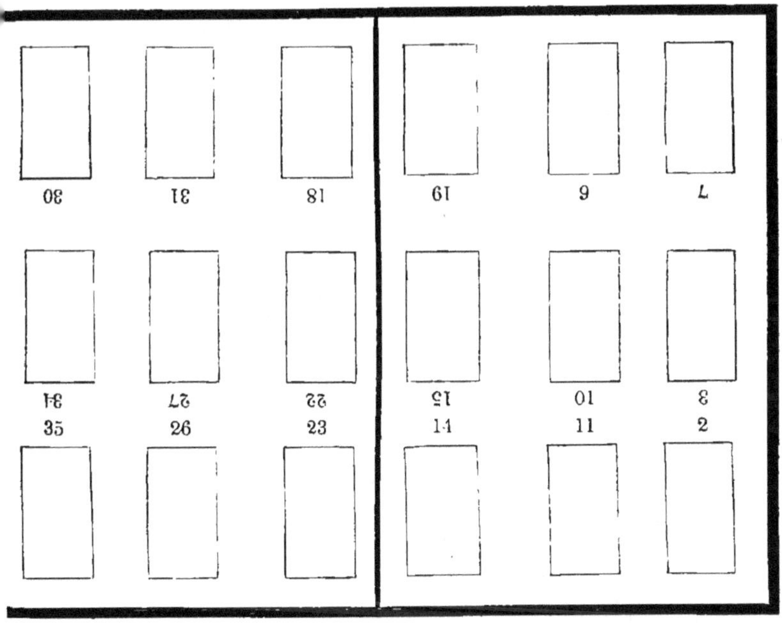

30	31	18	19	6	7
34	27	22	15	10	3
35	26	23	14	11	2

DEMI-FEUILLE FORMÉE DE MODÈLES DIVERS
POUR ÊTRE TIRÉE EN BLANC.

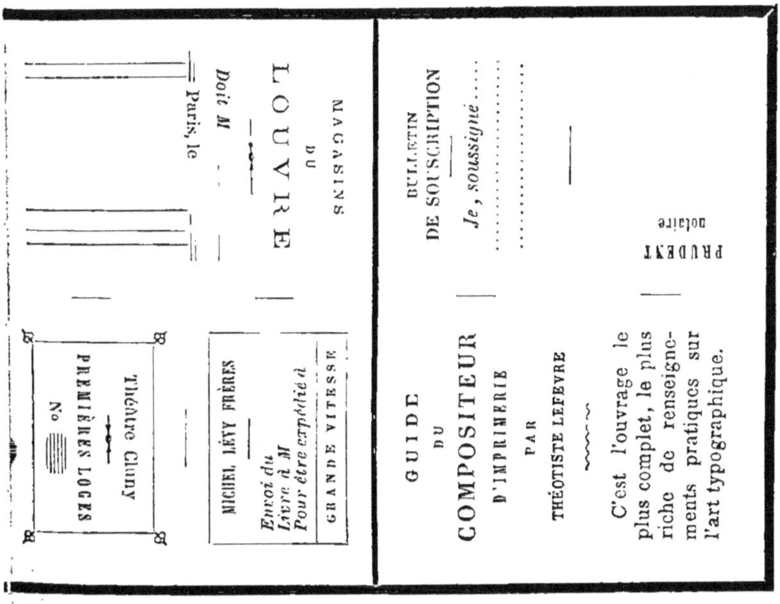

MAGASINS
DU
LOUVRE
Doit M
Paris, le

BULLETIN
DE SOUSCRIPTION
Je, soussigné.....

PRUDENT
notaire

Théâtre Cluny
PREMIÈRES LOGES
N°

MICHEL LÉVY FRÈRES
Envoi du
Livre à M
Pour être expédié à
GRANDE VITESSE

GUIDE
DU
COMPOSITEUR
D'IMPRIMERIE
PAR
THÉOTISTE LEFEVRE

C'est l'ouvrage le plus complet, le plus riche de renseignements pratiques sur l'art typographique.

Quand un volume se termine, il n'est pas rare que la composition n'offre qu'un nombre de pages insuffisant pour former la dernière feuille; c'est le cas de la compléter par les parties éventuelles qui doivent prendre place en tête de ce volume, telles que le titre, la préface, l'avertissement, etc., qui, assez ordinairement, ne se composent qu'en dernier lieu. Dans ce cas, les pages doivent être imposées de manière à former un cahier spécial si leur nombre le permet; dans le cas contraire, si ce sont des cartons isolés, il faut qu'ils occupent le centre d'un cahier, de manière à permettre au brocheur de les détacher pour être mis par lui à leur véritable place.

Ainsi, une feuille in-8° peut être formée de quatre cartons distincts, comme par exemple : un quart de titre, un quart de préface, un quart de table et un quart à réimprimer pour une cause quelconque. La feuille alors devra être coupée en quatre, les deux premiers cartons seront placés en tête du volume, le quart de table à la fin, et le dernier dans le corps du volume en remplacement du carton fautif.

Lorsque, pour cause d'erreur, on réimprime un carton, il faut qu'il porte à sa première page la signature de la feuille à laquelle il appartient; on la fait suivre d'une étoile. Ce signe distinctif a pour effet d'empêcher le brocheur de confondre le carton fautif avec celui qui ne l'est pas. Quand il y a lieu, on y ajoute la tomaison.

Il y a beaucoup d'autres impositions assez fréquentes, pour lesquelles il n'existe pas de règles absolues, et auxquelles on donne le nom de *mariages,* parce qu'elles consistent à réunir dans un seul châssis, ou même dans deux lorsqu'il y a retiration, des compositions de formats différents. Une page in-folio, par exemple, n'occupe qu'un seul côté du châssis; l'autre côté peut donc être utilisé, soit par deux pages in-4°, soit par quatre pages in-8°, etc. On a vu, deux pages plus haut, un double exemple de ces impositions; le premier châssis contient un quart in-8° et deux pages in-4° pour être mis en retiration sur eux-mêmes; le second contient six modèles divers pour être imprimés en blanc, et séparés après le tirage. Par un petit bout de filet placé entre chaque modèle, on indique au brocheur les divisions de la feuille de papier. En pareil cas, on s'attache essentiellement à utiliser toute la superficie de la feuille de papier, afin d'imprimer d'un seul coup les divers objets qui ont pu trouver place dans le châssis.

Les combinaisons de ce genre sont infinies; aussi n'avons-nous pas voulu négliger de les signaler, parce qu'elles reposent sur un principe d'économie.

Aux impositions se rattache le format des divers papiers qui sont le plus ordinairement employés en imprimerie. Nous ne croyons pas inutile et hors de propos de faire connaître leurs noms et leurs dimensions en centimètres :

Pot, ou papier *écolier*	31	sur	39
Tellière, ou papier *ministre*	33	—	43
Couronne	36	—	46
Écu	40	—	52
Coquille	44	—	56
Carré	45	—	56
Cavalier	46	—	60
Raisin	49	—	64
Jésus	55	—	70
Colombier	63	—	86
Grand aigle	68	—	103

Ces mesures ont cessé d'être absolues, aujourd'hui que la fabrication des papiers par la mécanique permet d'obtenir des dimensions arbitraires.

Les papiers sont disposés ordinairement par *rame*. La rame est composée de cinq cents feuilles, lesquelles sont établies par *mains* ou cahiers de vingt-cinq feuilles chacun.

Il se fabrique des papiers collés et d'autres sans colle. Les premiers sont plus particulièrement destinés à recevoir l'écriture et servent à la confection des registres; les autres sont ceux qu'on emploie le plus communément pour l'impression, par la raison qu'ils offrent plus de moelleux.

XIII.

LA CORRECTION.

Nous avons eu occasion de le dire, on entend par correction : 1° la lecture faite par le correcteur, qui consiste à relever et à indiquer sur une épreuve les fautes commises par le compositeur; 2° la réparation de ces fautes par celui-ci dans sa composition. C'est de cette seconde opération, qu'on distingue de la première en l'appelant *correction sur le plomb*, que nous avons seulement à nous occuper ici.

Il y a deux manières de l'effectuer : on corrige, selon la nécessité, en galée ou en formes, quand celles-ci ont été desserrées sur le marbre par le metteur en pages.

Dans l'un ou l'autre cas, la première chose à faire est d'examiner l'épreuve, de se rendre compte

Manuel de l'Apprenti Compositeur.

PAGE CORRIGÉE.

La Révolution n'a pas oublié de visiter l'intérieur du Louvre. En juillet 1793, elle a envoyé des ouvriers mutiler les boiseries des portes et des appartements, barbouiller les tableaux de Rigaud et de Lebrun, ornement de la salle de l'Académie des Inscriptions, effacer la figure et le nom de Louis XIV, arracher les tapisseries semées de fleurs de lis. Au temps de la Terreur, la Révolution prend une des salles du Louvre pour y établir l'imprimerie nationale. C'est cette imprimerie nationale, sise au Louvre, que Robespierre augmente, pour l'impression du Bulletin des lois, de deux presses montées à ses frais sous le nom de Nicolas, et dont le coût fut plus tard remboursé à la famille du condamné. Au temps de l'agiotage, la Révolution dispose d'une salle au rez-de-chaussée, au-dessous de la galerie d'APOLLON, en faveur de la Bourse, qui s'y installe le 1er prairial de l'an III. Mais ce sont surtout les locataires du Louvre qui l'ont transformé et dégradé. L'armée révolutionnaire des artistes, campée, de par le droit de conquête, en ce logement à sa convenance, a disposé de l'immeuble selon son bon plaisir, taillant, abattant, construisant, allant jusqu'à élever de petites maisons dans les salles non terminées.

En ce Louvre, en cette vieille demeure monarchique, Debucourt, ce Téniers de poche, met en vente la *République française* et la *Déclaration des droits de l'homme,* à peu près à l'heure où son voisin de la rue Boucher, Copia, met en vente, traduites d'un pointillé merveilleux, la Liberté, l'Égalité et la Loi de Prud'hon. Qui l'eût dit, alors, que ces gravures patriotiques auraient les pendants qu'elles ont aujourd'hui! Pêle-mêle avec elles, le portrait de Marie-Thérèse-Charlotte, telle qu'elle était vêtue dans la prison du Temple, le portrait de *Capet* revêtu de tous ses ordres, sont exposés aux vitrines de la rue du Coq. Grande galerie des gravures, grande

IMPRIMERIE DE J. CLAYE. — Principaux Signes de Correction typographique.

[...]CTIONS.	PAGE A CORRIGER.	SIGNES.	OBSERVATIONS.
[...]ger (coquille).	La Révolušion n'a pas oublié de visitør l'intérieur du Louvre.	t/ e/	Pour corriger, on fait un trait de plume sur le mot ou la lettre à changer, et l'on reproduit ce trait en marge comme signe de renvoi. Si la ligne comporte plusieurs corrections, il faut varier légèrement ces signes de renvoi, comme on le voit ci-contre, afin d'éviter toute erreur.
[...]	En juillet 1793, elle a envoyé des ouvriers détruire les boiseries	mutiler H	
[...]ourdon).	des/et des appartements, barbouiller les tableaux de Rigaud et de	portes/	
[...] (doublon).	Lebrun, ornement de la salle la salle de l'Académie des Inscriptions,	H	
[...]les.	effacer la figure et le nom de Louis XIV, arracher les tapisseries	XIV H	
[...] à transposer.	semées de fleurs de lis. Au de temps la Terreur, la Révolution prend		Les corrections ne doivent jamais être faites entre les lignes dans le corps de l'épreuve, mais être indiquées sur les marges extérieures, la première toujours à partir du texte, en regard de la ligne à laquelle elle appartient.
[...]ter.	une des salles du Louvre pour y établir l'imprimerie nationale. C'est	b	
[...]eil étranger.	cette imprimerie nationale, sise au Louvre, que Robespierre aug-	(m) (b)	
[...]	mente, pour l'impression du Bulletin des lois, de deux presses		
[...]	montées à ses frais sous le nom de Nicolas, et dont le coût fut plus		
[...]poser.	la Révolution dispose d'une salle au rez-de-chaussée, au-dessous de		
[...]	tard remboursé à la famille du condamné. Au temps de l'agiotage,		
[...]les.	la galerie d'Apollon, en faveur de la Bourse, qui s'y installe le	pollon/	Pour demander une lettre ou un mot en grandes capitales, il faut souligner trois fois ce mot ou cette lettre, comme ci-dessous :
[...]ieures.	1 prairial de l'an III. Mais ce sont surtout les locataires du Louvre	er	
[...]ttre.	qui l'ont transformé et dégradé. L'armée révolutionnaire des artistes,	# #	
[...]urner.	campée, de par le droit de conquête, en ce logement à sa convenance,		
[...]	a disposé de l'im meuble selon son bon plai sir, taillant, abattant,		a b Paris César
[...]ver (deleatur).	construisant, allant jusqu'à élever de petites maisons dans les salles		
[...]re.	non terminées. En ce Louvre, en cette vieille demeure monarchique,		Pour les petites capitales, on ne souligne que deux fois :
[...]isser.	Debucourt, ce Téniers de poche, met en vente la *République fran-*	x/ x/	
[...]italique.	*çaise* et la Déclaration des droits de l'homme, à peu près à l'heure	ital.	m p Homère Plaute
[...]trop serrée et à	où son voisin de la rue Boucher, Copia, met en vente, traduites d'un poin-		Pour l'italique, il suffit de souligner une seule fois.
[...]	tillé merveilleux, la Liberté, l'Égalité et la Loi de Prud'hon. Qui l'eût		
[...]toyer.	dit, alors, que ces **gravures patriotiques** auraient les pendants qu'elles		s t Cinna Les Horaces
[...] à mettre.	ont aujourd'hui !		
[...]e suivre.	Pêle-mêle avec elles, le portrait de Marie-Thérèse-Charlotte, telle		La similitude de forme entre la virgule et l'apostrophe pouvant amener quelque confusion, on distingue cette dernière par un trait vertical placé au-dessous, comme nous l'indiquons ici '
[...]inuer.	qu'elle était vêtue dans la prison du Temple, le portrait de *Capet*		
[...]gmenter.	revêtu de tous ses ordres, sont exposés aux vitrines de la rue du		
[...] romain.	Coq. *Grande galerie* des gravures, grande galerie des livres, que	rom.	

de la nature des corrections indiquées à la marge, et, s'il s'en trouve d'assez graves, d'aviser d'abord au meilleur moyen de les exécuter. On procède ensuite à une petite opération qu'on appelle *lever ses corrections ;* elle consiste à prendre dans la casse, en s'assurant qu'elles sont bonnes, toutes les lettres nécessaires à opérer les rectifications signalées sur l'épreuve, à les placer sur la partie gauche d'un composteur en bois, espèce de petite règle plate, dans laquelle se trouve pratiquée une rainure qui les maintient. Pour lever ces lettres, on opère en sens inverse de l'ordre dans lequel elles sont indiquées sur l'épreuve, en commençant par la dernière, et ainsi de suite en remontant, de telle sorte que la dernière placée dans le composteur se trouve la première à prendre ; toutes les lettres se présentent alors dans l'ordre où elles doivent être utilisées. Au fur et à mesure des corrections, on met sur la droite de ce composteur les lettres retirées de la forme.

S'il s'agit de corriger dans une galée, on place celle-ci sur la partie gauche du bas de la casse, en lui donnant une légère inclinaison diagonale ; elle doit être rapprochée le plus près possible du cassetin aux espaces, sans toutefois le recouvrir, parce qu'on y a souvent recours. On délie le paquet, et l'on place une réglette en plomb sur l'extrémité libre des lignes, afin de les maintenir; puis, de la main droite à l'aide d'une pointe et du médius de la main gauche, on opère une légère pression à chaque extrémité de la ligne fautive en la soulevant un peu au-dessus du niveau des autres, de manière qu'elle soit appuyée et maintenue à gauche par la tringle de la galée, et à droite par la pointe; on saisit ainsi la lettre ou le mot à corriger et l'on opère le changement.

Si l'on corrige sur le marbre, il faut avoir une petite boîte à compartiments, pourvue d'espaces de diverses forces, les corrections ayant pour effet ordinaire de modifier l'espacement. C'est une mauvaise habitude de remplacer cette boîte par un porte-page.

Avant de corriger sur le marbre, il est bon de s'assurer de la place occupée par les coins; trop serrés ils gênent l'opération, trop desserrés ils peuvent donner lieu à des accidents; bien qu'il soit utile de donner un peu de jeu aux pages pour en extraire ou y placer plus facilement les lettres, si ce jeu est trop considérable il peut mettre dans l'erreur et occasionner de mauvaises justifications; pour bien justifier, il faut que les pages soient suffisamment maintenues par les garnitures.

La correction la plus simple, la plus facile, est celle qui consiste à substituer une lettre à une autre de la même épaisseur, comme par exemple un u pour un n, un p pour un b, parce que cette substitution ne change en rien les conditions de la justification. Mais, excepté le cas que nous indiquons, tout autre genre de correction a pour effet infaillible de déjustifier la ligne, puisque chaque correction entraîne avec elle l'obligation d'en retirer ou d'y ajouter quelque chose, c'est-à-dire de lui enlever la précision que lui a donnée la justification dans le composteur.

Que la correction s'effectue en galée ou en forme l'un des soins les plus importants est donc de rendre à cette ligne sa précision première; on y arrive en appliquant le médius de la main droite à l'extrémité de la justification, de manière que ce doigt porte sur trois lignes, c'est-à-dire la ligne corrigée, celle qui la précède et celle qui la suit; si la ligne corrigée est trop faible, elle laissera un vide sensible au doigt; si, au contraire, elle est trop longue, elle fera saillie sur les deux autres : ces deux lignes voisines indiquent donc le point d'arrêt fixe, et c'est à la délicatesse du toucher d'apprécier s'il y a lieu d'ajouter ou de retrancher quelque chose à l'espacement de cette ligne.

En général la plupart des corrections n'ont d'influence que sur une seule ligne, et permettent de justifier sur le marbre; mais, s'il s'agit d'un bourdon ou d'un doublon entraînant avec lui un remaniement, il est nécessaire alors d'enlever de la forme le nombre de lignes que l'on suppose devoir être remaniées, de les remettre en galée et de les justifier de nouveau dans le composteur. Ce mode d'opérer est plus prompt et assure une meilleure exécution.

C'est ici l'occasion de rappeler ce qui a été dit plus haut, à propos de l'espacement. Lorsque la correction consiste à retrancher une ou plusieurs lettres, le vide occasionné par cette suppression doit être réparti aussi également que possible entre toutes les espaces qui se trouvent dans cette ligne; si, au contraire, on doit ajouter un ou plusieurs mots par suite d'omission, c'est encore à toutes les espaces qu'il faut, en les réduisant, demander la place nécessaire à l'introduction de ces lettres. La régularité de l'espacement ne doit pas être moins respectée à la correction qu'à la composition; il ne faut pas serrer outre mesure les mots pour faire entrer dans la ligne les lettres omises, ni les écarter trop non plus pour combler le vide fait par une suppression. En pareil cas, il est indispensable de remanier le nombre de lignes nécessaire pour revenir à la régularité.

Si de l'échange des lettres retirées et remplacées il ne résulte qu'une minime différence en moins sur la justification, et qu'elle n'oblige pas à changer toutes les espaces contenues dans la ligne, on diminue alors de préférence les espaces déjà plus fortes qui peuvent s'y rencontrer, ou celles qui avoisinent une lettre ronde ou une virgule, cette dernière portant un léger blanc avec elle.

Pour corriger, on se sert de la pointe ou de la pince; l'usage de cette dernière est pernicieux pour le caractère, parce que peu de personnes savent s'en servir assez adroitement pour ne pas endommager l'œil de la lettre; aussi nous n'hésitons pas à en proscrire l'usage et à lui préférer celui de la pointe, qui n'est pas non plus sans inconvénients dans des mains inhabiles.

On rencontre des compositeurs assez adroits pour ne se servir ni de l'une ni de l'autre, ou tout au moins pour n'y avoir recours que dans des cas exceptionnels. Cette excellente habitude ne saurait être trop encouragée.

XIV.

LES TABLEAUX.

On appelle *tableau* tout travail disposé en colonnes séparées par des filets, que ces colonnes soient formées par du texte, par des chiffres, ou même qu'elles soient blanches, comme dans les registres, par exemple.

Parmi les divers travaux de la composition, les tableaux sont considérés, avec raison, comme étant de ceux qui offrent les difficultés les plus sérieuses; aussi ne peuvent-ils être confiés qu'aux ouvriers expérimentés. Leur nature et leur forme offrent de telles variétés, qu'il est presque impossible d'établir des principes fixes à leur égard. Il y en a de très-simples comme de très-compliqués. Nous n'indiquerons que d'une façon sommaire comment on procède ordinairement pour les établir, et, pour nous rendre plus compréhensible, nous supposerons que l'élève devra composer, sur la justification de cette page, le petit tableau manuscrit dont la copie se trouve à la fin de ce chapitre :

On compose d'abord une ligne complète de cadratins de six, que l'on divise en autant de colonnes provisoires qu'il s'en trouve dans le modèle, en plaçant entre chaque division un bout de filet de la force de celui qui devra séparer les colonnes; puis on tient compte, à chaque extrémité, du filet d'encadrement, comme on le voit par la figure ci-dessous :

Il est facile de comprendre que la largeur à donner à chaque colonne est déterminée par la ligne la plus longue qui s'y rencontre; s'il se trouve quelques colonnes qui puissent être resserrées, c'est à elles que l'on fait supporter une réduction pour en faire profiter les autres. On verra, par l'exemple que nous donnons plus loin, que c'est la deuxième colonne qui commande les autres. Dans tous les cas, il est essentiel de s'attacher à donner aux colonnes, et plus particulièrement à celles qui sont formées de chiffres, une justification correspondante à un nombre de cadratins, afin de faciliter l'opération et de lui donner plus de justesse.

Les divisions de la largeur totale étant fixées, il reste à trouver la hauteur des têtes; on compose alors la tête qui contient le plus de mots ou de lignes, on y ajoute le blanc nécessaire et le filet horizontal qui doit la séparer du texte; la hauteur des autres têtes est subordonnée à celle-là.

Lorsqu'on s'est assuré de l'exactitude de ces mesures, on compose d'abord toutes les têtes, pour lesquelles on n'est pas sans quelque liberté, en raison de l'exiguïté de la justification; ainsi l'on peut faire une ligne d'un seul mot, ou même d'une fin de mot, en l'isolant au milieu de la justification; ces têtes se font tantôt en petites capitales, tantôt en bas de casse; tantôt aussi elles se placent verticalement. On s'occupe ensuite des colonnes de texte; lorsque ces deux parties essentielles sont composées, c'est alors qu'il y a lieu de dresser, ou, comme on dit, de *monter* le tableau, en commençant par la première tête, que l'on fait suivre de son texte; puis l'on recouvre cette première colonne du filet vertical qui doit la séparer de la seconde, on donne à ce filet la longueur voulue, et l'on continue ainsi pour chaque colonne.

Quand le tableau est achevé, qu'on s'est assuré

que toutes les colonnes sont d'une longueur identique, enfin qu'il est bien justifié dans toutes ses parties, on passe à son encadrement.

Les filets d'intérieur doivent être tenus légèrement plus courts que les colonnes de texte, dont ils n'ont pas l'élasticité; tous les filets, coupés d'abord à l'aide du couteau et du marteau, sont ajustés ensuite avec la lime; les filets de cadre sont limés en biseaux pour se rencontrer et se joindre parfaitement aux angles. Une des qualités essentielles d'un tableau, c'est la parfaite jonction des filets, à laquelle on doit particulièrement s'attacher.

Les filets de cadre, en hauteur et en largeur, doivent être coupés un peu plus longs que le tableau qu'ils sont appelés à encadrer, parce que, dans les deux sens, ils le dépassent de leur épaisseur même.

Le tableau ci-après, placé en regard de la copie, fait voir quel parti le compositeur a su tirer du manuscrit, et l'intelligence qu'il a montrée en simplifiant les têtes, pour éviter la répétition du mot *Débit*.

		Surface du Bassin	Débit de Crue	Débit d'Etiage	Débit moy
		Kil. car	mèt. cub.	mèt. cub.	mèt.
Amérique	Mississipi	496.000	85,050	8.500	7.4
	Amazones	000,000	43.875	7.644	20.0
	Atrato	35.716	"	"	4.8
Asie	Meohango	881.600	"	"	4.1
	Mekong	900.000	80.000	"	3.0
	Brahmapoutra	500.000	"	"	9.0
	Gange	932.000	17.500	"	5.
	Cavery	62.000	"	"	
	Indus	892.000	11.468	"	5.
	Shat-el-Arab	688.800	"	"	6.0
Afrique	Nil	25.000	13.400	"	5.6
	Macta	7.500	800	2	"
Europe	Danube	800,000	30.000	2.000	9.
	Pô	69.382	5.156	186	1.7
	Tibre	19.488	"	"	
	Var	3.200	4.000	28	
	Rhône	97.800	12.000	400	2.0
	Ebre	83.530	5.000	50	
	Garonne	51.193	10.500	37	6
	Loire	116.500	10.000	25	5
	Seine	43.270	2.800	90	5
	Rhin	251.890	"	"	1,7
	Tamise	12.950	"	"	1
	Severn	9.075	338	"	"
	Gotta-Elf	40 000	"	"	5

		SURFACE DU BASSIN	DÉBIT		
			DE CRUE	D'ÉTIAGE	MOYEN
		kil. car.	m. cub.	m. cub.	m. cub.
AMÉRIQUE.	Mississipi. . . .	496,000	35,050	8,500	7,440
	Amazones. . . .	000,000	43,875	7,644	80,000
	Atrato.	35,716	»	»	4,800
ASIE.	Mohango.	881,600	»	»	4,100
	Mekong.	900,000	80,000	»	3,000
	Brahmapoutra. .	500,000	»	»	1,000
	Gange.	932,000	17,500	»	5,500
	Cavery	62,000	»	»	478
	Indus.	592,000	11,468	»	5,550
	Chat-el-Arab. .	688,800	»	»	6,000
AFRIQUE.	Nil.	25,000	13,400	»	3,682
	Macta.	7,500	800	2	»
EUROPE.	Danube.	800,000	30,000	2,000	9,180
	Pô.	69,382	5,156	186	1,720
	Tibre.	19,488	»	»	16
	Var.	3,200	4,000	28	»
	Rhône.	97,800	12,000	400	2,603
	Èbre.	83,530	5,000	50	100
	Garonne.	51,193	10,500	37	659
	Loire.	116,500	10,000	25	500
	Seine.	43,270	2,800	90	500
	Rhin.	251,890	»	»	1,728
	Tamise.	12,950	»	»	185
	Severn.	9,075	338	»	»
	Gotta-Elf. . . .	40,000	»	»	523

XV.

LE PARANGONNAGE.

Le parangonnage est une petite opération qui consiste à combiner, dans une même ligne, plusieurs caractères de corps différents pour les ramener à la force du corps le plus fort au moyen d'épaisseurs complémentaires.

Ainsi, on est appelé quelquefois à introduire dans une ligne un ou plusieurs mots d'un caractère plus petit ou plus fort que celui du texte courant; ce cas se présente fréquemment, surtout dans les ouvrages dramatiques, comédies ou autres; dans les deux cas, il en résulte une différence d'épaisseur qu'il faut combler de manière que l'œil des caractères s'aligne parfaitement dans leur partie inférieure. Cette différence de force de corps se compense à l'aide de bouts d'interlignes placés en dessus ou en dessous des parties de caractère plus faibles, et parfois même dessus et dessous, que l'on coupe de la longueur des mots parangonnés, ainsi que la ligne précédente en offre l'exemple.

XVI.

LES FILETS.

Les filets sont fondus en lames de 90 centimètres environ et sur une force de corps qui varie de 2 points jusqu'à 12 et au delà. Voici leur figure et leur nom :

Filet maigre. . . . .

— double-maigre.

— demi-gras. . .

— gras. . . . . .

— de cadre. . . .

— azuré. . . . .

— pointillé. . . .

— tremblé. . . .

— anglais. . . . .

— orné. . . . . .

Le filet maigre s'utilise dans une multitude de cas, et surtout dans l'intérieur des tableaux pour séparer verticalement les colonnes.

Le filet demi-gras sépare horizontalement les têtes de tableaux.

Le filet gras et le filet double-maigre sont destinés à séparer d'une manière plus tranchée, plus apparente, telle colonne de telle autre.

Le filet de cadre, comme son nom l'indique, sert à encadrer les tableaux, les couvertures et certains travaux de ville.

Le filet azuré s'emploie dans les titres commerciaux ou financiers, comme les effets de commerce, les obligations, les actions, et même les simples reçus, pour y recevoir l'énonciation d'un nombre soit en chiffres, soit en toutes lettres.

Le filet pointillé, tiré très-léger, s'utilise dans les travaux de ville, les factures par exemple, pour simuler et remplacer la réglure.

Le filet tremblé, dont l'usage est presque abandonné aujourd'hui, se trouvait en tête des livres ou des chapitres, placé sous le titre courant, qu'il remplaçait quelquefois.

Les filets anglais et les filets ornés sont très-variés et trouvent leur emploi dans les travaux de fantaisie, parfois aussi dans les titres.

XVII.

LES PONCTUATIONS.

Il ne peut être question ici de la ponctuation que sous le rapport typographique. L'élève devra recourir aux grammaires et aux dictionnaires pour en apprendre les règles compliquées et variables; car, nous dit avec raison M. Fournier, de toutes les opérations grammaticales, la ponctuation est celle qui avoisine le plus le domaine de la Typographie [1]. Il devra en être de même pour l'accentuation.

Toutefois nous dirons que les ponctuations, dans la langue française, sont au nombre de six :

1. On consultera avec avantage, sur cette question et beaucoup d'autres encore, l'excellent *Traité de la Typographie*, par Henri Fournier, 3e édition.

La *virgule* (,) est, de toutes, celle qui a le moins de valeur; elle marque les pauses ou temps d'arrêt les plus faibles dans le discours; elle peut être comparée à ce qu'on appelle en musique un *silence*.

Le *point-virgule*, ou *petit-què* (;), dont la valeur vient après celle de la virgule, marque une pause légèrement plus prononcée; il indique les différents membres d'une phrase, les parties d'une période, et précède ordinairement les conjonctions *or, mais, car*.

Le *deux-points*, ou *comma* (:), se place devant une allocution, une énumération, une réflexion ou une citation.

Le *point* (.) a plus de valeur qu'aucune autre ponctuation : il indique la fin d'une phrase et le complément du sens. On le fait toujours suivre d'une grande capitale, excepté toutefois quand on l'emploie comme signe d'abréviation, dans les notes, les tables, et dans les mots *liv.*, *chap.*, *fr.*, etc.

On indique une lacune ou une suspension dans le discours par un certain nombre de points consécutifs, trois ou cinq au moins, et quelquefois par une ou plusieurs lignes de points; dans ce dernier cas, et selon l'étendue de la justification, on les écarte d'un cadratin ou d'un demi-cadratin.

La valeur du *point d'interrogation* (?) et du *point d'exclamation* (!) s'indique suffisamment par leur qualification. L'un et l'autre se placent ordinairement après un sens terminé, et sont suivis d'une capitale. Cependant il est certains cas où ces ponctuations se mettent à la fin de simples membres de phrase; alors il ne faut pas de capitales après elles.

Toutes les ponctuations, le *point* excepté, doivent être détachées de la lettre par une espace d'un point ou d'un point et demi, selon l'espacement général de la ligne ; le *deux-points* se place presque au milieu du blanc.

On peut voir plus haut, page 34, ce que nous avons déjà dit à ce sujet.

Il est regrettable que, de nos jours, on perde l'habitude de placer une espace fine avant la virgule, c'est là une fâcheuse innovation.

XVIII.

LES SIGNES.

La typographie emploie certains signes dont il est bon que l'élève connaisse la forme et l'usage; nous les réunissons ici :

ACCOLADE ⏟

Elle sert à embrasser plusieurs lignes ou plusieurs objets, pour indiquer les points de communauté qu'ils ont ensemble. On en fait usage plus particulièrement dans les tableaux et dans les ouvrages à calculs. Elle se place indifféremment dans le sens perpendiculaire ou horizontal, et de manière que les objets accolés soient compris dans son côté concave. Leur épaisseur est variable. En longueur, elles sont généralement fondues sur une échelle progressive de six en six points, depuis 12 points jusqu'à 250. Au delà de ce chiffre, elles sont de deux pièces, chaque bras de l'accolade étant fondu séparément.

ASTÉRISQUE OU ÉTOILE (*)

Ce signe est fondu, comme les lettres supérieures, à la partie haute de la lettre. On l'affecte à plusieurs usages : 1° comme *renvoi* ou *appel de note*, avec ou sans parenthèses; 2° il sert à séparer les deux parties d'un verset; 3° on le place à la suite de l'initiale d'un nom propre, dont les autres lettres sont supprimées : Mme S*****, M. A*****; leur nombre est ordinairement égal à celui des syllabes de ce nom.

Ce signe s'emploie aussi dans les dictionnaires, les tables, les catalogues, etc., avec une valeur conventionnelle.

BARRE TRANSVERSALE (/)

Signe qui trouve son emploi dans l'algèbre et indique les fractions de nombre : 1/2, 1/4, 1/3, ou $^{1}/_{6}$, $^{1}/_{8}$, $^{1}/_{10}$, etc.

CROCHETS ([ ])

Espèce de parenthèse droite, qui sert plus spécialement à désigner les passages interpolés dans un texte.

CROIX (†)

Elle ne s'emploie plus guère aujourd'hui que dans les livres d'église, ou dans les dictionnaires, avec une signification particulière.

GUILLEMETS (« »)

Espèce de petites parenthèses doubles, dans lesquelles on enferme une citation, un ou plusieurs alinéas. On les place tantôt au commencement de chaque alinéa seulement, tantôt au commencement de chaque ligne ; dans ce dernier cas ils doivent être suivis d'une espace moyenne, toujours de même force, de manière à ne pas nuire à l'alignement vertical du texte. Le premier et ceux qui le suivent doivent se placer dans le sens d'une parenthèse ouverte, la partie concave vers la droite « . Le guillemet final se tourne dans le sens opposé », cran dessus.

Dans les ouvrages à chiffres, dans les colonnes d'un tableau, un guillemet final sous un nombre ou sous un mot représente ce mot ou ce nombre.

MAIN (☞)

Signe qui précède certains passages, pour y arrêter l'attention. Il est peu employé aujourd'hui.

MOINS (—)

Petit trait horizontal, signe d'interlocution, d'incise. On le met entre deux espaces. Il remplace parfois le mot *idem*, dans les tables, les catalogues, les nomenclatures, etc.

PARAGRAPHE (§)

Signe qui remplace ce mot, et indique une classe de subdivisions dans la matière traitée : *livre III, chapitre* IX; § 4.

Le paragraphe est souvent accompagné d'un titre qui lui est particulier. Il se place, avec son numéro d'ordre, tantôt au commencement de l'alinéa, tantôt en ligne perdue.

Le mot *paragraphe* désigne aussi, par extension, un alinéa.

PARENTHÈSES ( )

Les parenthèses représentent deux arcs de cercle tournés l'un vers l'autre dans leur partie concave : ils servent à isoler des mots, des phrases ou des réflexions qui ne se rattachent pas essentiellement à la phrase; la seconde se place le cran dessus. Devant et derrière la parenthèse, on doit mettre une espace moyenne, et l'on ne se dispense de ce soin qu'à moins d'impossibilité. La ponctuation, quand il y a lieu, vient après la parenthèse finale.

PIED-DE-MOUCHE (¶)

Ce signe ne s'emploie plus guère aujourd'hui. Jadis il se plaçait en tête d'une remarque qu'on voulait détacher du corps de l'ouvrage.

RENVOI OU APPEL DE NOTE ([1])

C'est un chiffre intercalé dans le texte et qui appelle une note portant le même chiffre, placée au bas de la page ou à la fin dû volume.

Autrefois on se servait de chiffres du corps (1), ou d'astérisques entre parenthèses (*), ou même de lettres italiques ([a]). Aujourd'hui on préfère le chiffre supérieur sans parenthèses, à qui l'on peut reprocher de n'être pas assez apparent peut-être.

Certains ouvrages comportent des notes de diverses catégories, et même des notes de notes; dans ce cas on adopte plusieurs genres de renvois, pour prévenir toute confusion.

VERSET (℣) RÉPONS (℟)

Ces signes ne servent que pour les livres liturgiques, tels que les missels, les bréviaires, les paroissiens, les ordos.

Indépendamment des signes que nous venons d'indiquer, il y a les signes d'*abréviations* et les signes de *corrections*; on les trouvera aux chapitres qui leur sont particuliers.

XIX.

LES ABRÉVIATIONS.

Les anciens manuscrits contenaient un assez grand nombre d'abréviations; elles avaient pour objet de donner aux scribes la facilité d'établir des lignes d'une longueur à peu près uniforme : on retranchait certaines lettres d'un mot, ou on le complétait, selon la nécessité, afin que les lignes fussent contenues dans un cadre déterminé.

A l'origine de l'imprimerie, pour une raison analogue, les exigences de la justification firent conserver en grande partie ces abréviations; dans le latin, par exemple, on figurait la conjonction *que* par la lettre *q* suivie d'un point-virgule; on imprimait *ubiq.,* pour *ubique;* ce qui a fait donner et conserver même à cette ponctuation le nom de *petit-qué.*

En poésie, il existe deux genres d'abréviations : l'une, qu'on nomme *apocope*, qui consiste à retrancher une lettre à la fin d'un mot, comme dans *Versaille, Londre, encor, je voi*, etc. : ainsi *grand'-mère, grand'messe*, sont des apocopes ; l'autre, qui a pour effet de retrancher une lettre au milieu d'un mot, comme dans j'*avoûrai*, nous *joûrons, dénoûment, gaîté*, etc. Celle-ci s'appelle *syncope*.

Dans les dictionnaires et les livres spéciaux qui traitent des sciences ou des arts, tels que la médecine, l'algèbre, la chimie, la géométrie, on rencontre de nombreuses abréviations conventionnelles qui leur sont particulières ; elles réduisent un ou plusieurs mots à une syllabe, à une seule lettre ou même à un seul signe. Aussi n'existe-t-il pas de règles fixes à leur égard, en raison du nombre considérable de mots qui peuvent être abrégés ; mais on s'attache à respecter le radical du mot, afin qu'il conserve sa physionomie et soit toujours reconnaissable. Voici la manière d'abréger les mots qui se présentent le plus communément :

Livre.	liv.
Chapitre.	chap.
Ligne.	lig.
Page.	pag.
Recto.	r°
Verso.	v°
Dito.	d°

Folio.	f^{o}
In-folio.	in-f^{o}
In-octavo.	in-8°
In-quarto.	in-4°
Manuscrit.	Ms.
Manuscrits.	Mss.
Nota bene.	N. B.
Numéro.	n^{o}
Post-scriptum.	P.-S.
Premier.	Ier, 1er
Première.	Ire, 1re
Deuxième.	IIe, 2^{e}
Primo.	1°
Secundo.	2°
Quelques	q͡q.
Verset.	℣.
Repons.	℟.
Voyez.	voy.
Franc.	fr.
Centime.	c.
Mètre.	mèt.
Mètre carré.	m. q.
Mètre cube.	m. c.
Millimètre.	mill.
Hectare.	hect.
Hectolitre.	hectol.
Gramme.	gram.
Hectogramme.	hectogr.
Kilogramme.	kil., kilogr.
C'est-à-dire.	c.-à-d.
Compagnie.	Cie
Docteur.	D^{r}
Docteur-Médecin.	D.-M.
Maître.	M^{e}
Marchand.	M^{d}

Monsieur.	M., M^{r}
Madame.	Mme
Mademoiselle.	Mlle
Monseigneur.	Mgr, Mgr
Notre-Seigneur Jésus-Christ.	N.-S. J.-C.
Notre-Dame.	N.-D.
Chevalier.	Ch^{er}
Comte.	Cte
Marquis.	Mis
Baron.	B^{on}
Son Altesse.	S. A.
Son Altesse Impériale.	S. A. I.
Son Altesse Royale.	S. A. R.
Son Altesse Sérénissime. . . .	S. A. S.
Son Éminence.	S. Ém.
Son Excellence.	S. Exc.
Sa Grâce ou Sa Grandeur. . .	S. G.
Sa Hautesse.	S. H.
Sa Sainteté.	S. S.
Sa Majesté.	S. M.
Sa Majesté Très-Chrétienne. .	S. M. T.-C.
Leurs Altesses Impériales. . .	LL. AA. II.
Leurs Altesses Royales. . . .	LL. AA. RR.
Leurs Altesses Sérénissimes. .	LL. AA. SS.
Leurs Excellences.	LL. EExc.
Leurs Majestés.	LL. MM.
Révérend Père.	R. P.
Saint-Père.	S.-P.
Saints-Pères.	SS.-PP.
Veuve.	Vve

XX.

CHIFFRES ROMAINS ET LEUR VALEUR.

On se sert de chiffres romains grandes capitales quand ils accompagnent un nom propre : Henri IV, Louis XIV, Louis-Philippe Ier. Ils servent encore pour indiquer la tomaison, pour désigner les divers arrondissements de Paris et le millésime d'un livre. Les siècles s'indiquent en petites capitales : XIIIe siècle, XIVe siècle.

L'emploi du chiffre romain est de rigueur dans le style tumulaire et dans les inscriptions monumentales, qui ont besoin d'être précises afin de ne laisser plus tard aucun doute.

Lorsqu'on termine la composition d'un volume par certaines parties qui se placent en tête, comme la Préface, l'Avertissement, on a recours à une seconde numération en chiffres romains, pour laquelle on emploie les petites capitales.

I.	1	LXX. . . .	70
II.	2	LXXV. . .	75
III.	3	LXXX. . .	80
IV.	4	LXXXV. .	85
V.	5	XC.	90
VI.	6	XCV. . . .	95
VII.	7	C.	100
VIII.	8	CL.	150
IX.	9	CC.	200
X.	10	CCL. . . .	250
XI.	11	CCC. . . .	300
XII.	12	CCCL. . . .	350
XIII.	13	CD. . . .	400
XIV.	14	CDL.	450
XV.	15	D.	500
XVI.	16	DL.	550
XVII.	17	DC.	600
XVIII.	18	DCL.	650
XIX.	19	DCC.	700
XX.	20	DCCL. . . .	750
XXV.	25	DCCC. . . .	800
XXX.	30	DCCCL. . .	850
XXXV.	35	DCCCC. . .	900
XL.	40	DCCCCL. .	950
XLV.	45	M.	1,000
L.	50	VM.	5,000
LV.	55	XM.	10,000
LX.	60	XXM. . . .	20,000
LXV.	65	CM.	100,000

XXI.

LES INITIALES

OU LETTRES DE DEUX POINTS.

LA dénomination de ces lettres indique suffisamment leur emploi ; l'initiale se place, comme nous le faisons ici, au commencement d'un volume ou de chacune de ses grandes divisions, sans la renfoncer, et le mot qu'elle commence doit être complété en petites capitales.

Quand, au xve siècle, l'imprimerie vint remplacer les manuscrits, elle hérita de plusieurs des habitudes contractées par les scribes de ce temps et en conserva quelques-unes ; nous avons eu occasion de le faire remarquer à propos des abréviations : l'initiale n'est qu'une réminiscence des lettres qui enrichissaient les manuscrits de cette époque ; elles étaient pour la plupart ornées, coloriées ou dorées.

L'usage en est presque généralement abandonné.

Cependant il a été maintenu dans les ouvrages illustrés et à grandes justifications, pour lesquels on les fait graver spécialement, et aussi dans les volumes imprimés en caractères anciens, auxquels on cherche à donner la physionomie des impressions des siècles passés.

Quant aux lettres typographiques qu'on affecte à cet usage, rare aujourd'hui, elles ont exactement la même forme que les capitales, et n'en diffèrent que par la manière dont elles sont fondues : l'œil occupe le centre de la partie supérieure de la tige, c'est-à-dire que le talus de la lettre est le même en tête et en pied, ce qui n'existe pas pour les grandes capitales ordinaires.

Les initiales ne sont donc, en réalité, que des capitales qu'on emploie plus spécialement à la composition des titres. On les appelle aussi *lettres de deux points*. L'origine de ce nom vient de ce que leur force de corps n'occupait le plus communément que deux lignes du caractère qu'elles accompagnaient, et représentait deux fois le nombre de points de ce corps.

XXII.

LA CASSE GRECQUE.

Peu d'ouvriers savent composer le grec, et moins encore le composent convenablement; ce fait s'explique par la raison que les occasions de s'y exercer sont assez rares, et que la pratique manque au plus grand nombre. Ne serait-ce pas une raison pour recommander aux élèves studieux de s'appliquer à en faire une étude spéciale? Cet acquis ne manquerait pas de les faire distinguer, et leur intérêt ainsi que leur amour-propre pourraient s'en bien trouver.

Ajoutons que la composition du grec n'est pas sans offrir quelque difficulté, et on le comprendra quand nous aurons dit que chaque mot de cette langue comporte au moins un accent et parfois deux; qu'il existe deux *esprits :* l'un doux et l'autre rude; trois *accents :* l'aigu, le grave et le circonflexe, et de plus le tréma. Tantôt ils s'emploient seuls, tantôt ils se combinent ensemble. Il faut donc connaître parfaitement la place qu'ils doivent occuper et les combinaisons multiples de ces accents entre eux. Il y a encore les lettres souscrites, les lettres numérales, et enfin n'oublions pas que la coupure particulière des mots à la fin des lignes est soumise à des règles fixes.

Notre cadre restreint ne saurait contenir les lois qui régissent la composition du grec. Nous ferons seulement connaître aux élèves les vingt-quatre lettres de l'alphabet et le modèle de la casse grecque[1].

Figure.	Nom.	Valeur.	Figure.	Nom.	Valeur.
Α α,	Alpha,	a.	Ν ν,	Nu,	n.
Β ϐ β,	Bêta,	b, v.	Ξ ξ,	Xi,	x, cs, gs.
Γ γ ϒ,	Gamma,	g.	Ο ο,	Omicron,	o *bref.*
Δ δ,	Delta,	d.	Π π,	Pi,	p.
Ε ε,	Epsilon,	e *bref.*	Ρ ρ,	Rho,	r.
Ζ ζ,	Zêta,	z, ds.	Σ σ ς,	Sigma,	s.
Η η,	Êta,	ê *long.*	Τ τ,	Tau,	t.
Θ θ,	Thêta,	th.	Υ υ,	Upsilon,	y, u *bref.*
Ι ι,	Iota,	i.	Φ φ,	Phi,	ph.
Κ κ,	Cappa,	c, k.	Χ χ,	Chi,	ch.
Λ λ,	Lambda,	l.	Ψ ψ,	Psi,	ps, bs.
Μ μ,	Mu,	m.	Ω ω,	Oméga,	ô *long.*

1. Ceux qui seront poussés par le louable désir de s'instruire ne sauraient mieux faire que de recourir au livre de M. Théotiste Lefevre, qui, le premier, a donné des conseils excellents et complets sur la manière de composer non-seulement le grec, mais encore le grec d'inscription, le copte, l'allemand, le russe, l'arabe et l'hébreu.

HAUT DE CASSE.

Ά	Ὰ	Ἀ	Ἁ	Ἄ	Ἂ	Ἅ	Ἃ	Α͂	Ἆ	Ἇ	Έ	Ὲ	Ἐ	Ἑ	Ἔ	Ἒ	Ἕ			
Ἵ	Ἳ	Ι͂	Ἶ	Ἷ	Ϊ	Ϊ́	Ϊ̀	Ό	Ὸ	Ὀ	Ὁ	Ὄ	Ὂ	Ὅ	Ὃ	Ύ	Ὺ	Υ̓	Ὑ	Υ̓́
Α	Β	Γ	Δ	Ε	Ζ	Η	Θ													
Ι	Κ	Λ	Μ	Ν	Ξ	Ο	Π													
Ρ	Σ	Τ	Υ	Φ	Χ	Ψ	Ω													
ᾴ	ᾲ	ᾀ	ᾁ	ᾄ	ᾂ	ᾅ	ᾃ	ᾷ	ᾆ	ᾇ	[ ]									
ά	ὰ	ἀ	ἁ	ἄ	ἂ	ἅ	ἃ	ᾶ	ἆ	ἇ										
έ	ὲ	ἐ	ἑ	ἔ	ἒ	ἕ	ἓ	ε͂	ἐ͂	ἑ͂										

Ἓ	Ή	Ὴ	Ἠ	Ἡ	Ἤ	Ἢ	Ἥ	Ἣ	Η͂	Ἦ	Ἧ	Ί	Ὶ	Ἰ	Ἱ	Ἴ	Ἲ			
Υ̓̀	Ὕ	Ὓ	Υ͂	Υ̓͂	Ὗ	Ϋ	Ϋ́	Ϋ̀	Ώ	Ὼ	Ὠ	Ὡ	Ὤ	Ὢ	Ὥ	Ὣ	Ω͂	Ὦ	Ὧ	
Ῥ	Ῥ																			
ϊ	ΐ	ῒ	ϋ	ΰ	ῢ															
ᾳ	ῃ	ῳ	ϛ			§														
ῄ	ῂ	ᾐ	ᾑ	ᾔ	ᾒ	ᾕ	ᾓ	ῇ	ᾖ	ᾗ										
ή	ὴ	ἠ	ἡ	ἤ	ἢ	ἥ	ἣ	ῆ	ἦ	ἧ										
ύ	·ὺ	ὐ	ὑ	ὔ	ὒ	ὕ	ὓ	ῦ	ὖ	ὗ										

BAS DE CASSE.

ί	ὶ	ἰ	ἱ	ἴ	ἲ	ἵ	ἳ	ῖ	ἶ	ἷ	ώ	ὼ	ὠ	ὡ	ὤ	ὢ	ὥ	ὣ	ῶ	ὦ	ὧ
ό	ὸ	ὀ	ὁ	ὄ	ὂ	ὅ	ὃ	ο͂	ὀ͂	ὁ͂	ῴ	ῲ	ᾠ	ᾡ	ᾤ	ᾢ	ᾥ	ᾣ	ῷ	ᾦ	ᾧ

β	ϐ	κ	δ	- ’ / η	ε	σ	ς	φ	γ	θ	χ	ψ	ϗ
	λ	μ	ν	ι	ς / esp. 1 p.	ο	π	ω /	; / ’	! / :	demi-cadrat. / cadratins.		
ζ / «	ξ / ( )	υ	τ	espaces.	esp. 2 p.	α	ρ	ῤ / ῥ	.	,	cadrats.		

XXIII.

LE TITRE. — LE FAUX TITRE.

Le frontispice d'un livre, ou le *titre* proprement dit, en est la plus importante page ; il expose l'objet traité par l'auteur, indique les développements donnés à son sujet, et parfois aussi le but qu'il s'est proposé ; mais nous n'avons à nous occuper ici que de sa reproduction et de sa disposition typographique.

Sous ce rapport, nous serions tenté de dire que le titre est au livre ce que le visage est à l'individu ; de même que c'est le visage qui attire tout d'abord nos regards, de même c'est sur le titre du livre que notre attention s'arrête tout naturellement : si le fond a le mérite de nous intéresser, la forme peut n'être pas sans un certain charme pour les yeux. C'est ici surtout que le compositeur trouve l'occasion de faire preuve de goût et doit s'attacher particulièrement à donner à cette page la meilleure physionomie, la disposition à la fois la plus logique et la plus élégante, eu égard, bien entendu, au texte dont il dispose. La difficulté pour lui sera d'autant plus grande que ce titre sera plus chargé de détails surabondants. Bien que la forme doive le céder au fond, qu'il nous soit permis de dire, en passant, que tout auteur à qui l'élégance typographique n'est pas absolument indifférente devra se montrer sobre de détails dans l'exposé de son titre, et en élaguer tout ce qui n'est pas indispensable; quand elle ne nuira pas à la clarté, la brièveté sera toujours préférable.

Les titres se présentent sous une telle variété de forme, que nous nous bornerons à indiquer ici les règles générales. Le premier soin est d'observer une judicieuse ordonnance des césures.

La partie supérieure de la page comprend le développement du titre, le nom de l'auteur suivi de ses qualités, s'il y a lieu, et parfois la tomaison. A la partie inférieure se placent le nom et l'adresse de l'éditeur ou du libraire, précédés de la ville où le livre est imprimé, et suivi du millésime, composé de préférence en chiffres romains.

Ces deux parties sont séparées par un blanc qui, selon son étendue, permet d'y placer soit un fleuron ayant rapport avec la matière traitée, soit le chiffre du libraire, soit un filet orné.

Et d'abord, la force des caractères employés doit être proportionnée au format.

A l'exception de l'épigraphe, toutes les lignes d'un titre se placent au milieu de la justification[1]; aucune d'elles ne doit offrir la même longueur; l'importance des idées qu'elles représentent indique au compositeur la valeur matérielle qu'il doit donner à chacune d'elles; il faut les disposer et les couper autant que possible de manière à offrir un sens complet, et que chacune soit composée en caractères de force différente.

On ne doit pas reproduire deux lignes de même caractère, surtout si ces lignes se suivent, excepté s'il se présente un sommaire.

Le titre qui offre le meilleur effet est celui où la ligne dominante arrive la troisième, et remplit à peu près la justification ; toutes les autres doivent être subordonnées à celle-là ; rien n'est d'un plus fâcheux effet qu'un titre commençant par une ligne pleine offrant les plus gros caractères de la page.

Le blanc à observer entre les lignes est subor-

1. On a pris depuis quelques années la licence de supprimer toutes les ponctuations qui se rencontrent à la fin des lignes, parce qu'elles ont l'inconvénient de rejeter sur la gauche les lignes de gros caractères.

donné au nombre de lignes que renferme le titre, et la manière dont les blancs sont dispensés peut ajouter au bon effet que l'on cherche à obtenir.

Si un titre présente divers groupes de mots formant une série d'idées ou de choses, ces groupes doivent être séparés par un blanc un peu plus fort.

Autant que possible, il faut qu'un titre soit composé en caractères de la même famille, c'est-à-dire de même forme; ce précepte est à observer surtout dans les ouvrages d'un genre sérieux. Rien n'est plus désagréable à l'œil que la superposition de deux lignes dont l'une offre un caractère serré, allongé ou maigre, et l'autre un caractère gras aux larges formes.

Si le titre est peu chargé, on use de la liberté qu'on a de multiplier les coupures, et de mettre en ligne perdue les mots qui en distinguent les différentes périodes, tels que *précédé, suivi, accompagné, orné, illustré,* etc.

Les caractères de bas de casse et d'italique ne doivent figurer dans un titre que dans des cas exceptionnels, et lorsqu'il est presque impossible de faire différemment.

Enfin, pour nous résumer, il faut que la combinaison des lignes d'un titre, leur disposition agréable, l'heureux choix des caractères, offrent dans leur ensemble quelque chose d'harmonieux, qui charme l'œil d'une manière spontanée.

Le titre est toujours suivi d'une page blanche.

Le *faux titre* précède le titre, et l'annonce pour ainsi dire; il ne contient que la désignation principale de l'ouvrage, et doit occuper à peu près le centre de la page, le blanc inférieur tenu cependant un peu plus fort que le blanc supérieur; dans les ouvrages qui forment collection, on place au-dessous la tomaison du volume. Au verso du faux titre, on mentionne soit le nom de l'imprimeur, soit celui des libraires chargés de la vente, soit aussi la nomenclature des ouvrages du même auteur. Parfois on se dispense de faux titre; mais cette suppression n'est admise que dans les brochures, par défaut d'espace ou par économie[1].

1. Ici, comme ailleurs, nous n'avons qu'effleuré le sujet ; aussi tenons-nous à insister sur ce point que, dans notre esprit, ce petit livre n'est qu'une passerelle établie pour donner à nos élèves le moyen de gagner la grand'route, c'est-à-dire pour les conduire aux livres didactiques qui renferment les préceptes complets de l'art qui nous occupe. Nous ne saurions donc mieux faire que de les renvoyer encore au *Traité de la Typographie,* par Henri Fournier, et au *Guide pratique* de M. Théotiste Lefevre. Pour ne parler que des titres, ils en trouveront dans ce dernier des exemples variés de genre et de forme, et cette démonstration ne saurait être que très-utile à leur instruction.

XXIV.

LA COUVERTURE.

En parlant du texte d'un ouvrage, c'est-à-dire de la partie la plus étendue et qui en forme le fond, on dit que c'est *le corps* du livre. On a vu que le titre en était *la tête*. La couverture peut en être considérée comme *le vêtement*. Aussi, selon l'expression moderne, doit-elle être faite sur mesure.

En effet, le moyen le plus certain d'établir une couverture dans les justes proportions qu'elle doit avoir pour couvrir exactement un volume, c'est, préalablement, de faire plier et coudre un nombre de feuilles égal à celui que doit contenir le volume. A l'aide de cette espèce de *maquette*, on opère à coup sûr; on peut se rendre un compte exact des dimensions à donner au cadre et surtout au dos, partie fort essentielle, et à laquelle il faut bien se garder de donner trop de largeur. Un dos dont les proportions manquent de rapport avec l'épaisseur du volume, et dont les filets et le texte débordent sur les marges, est du plus disgracieux effet. Il est préférable de le tenir plus étroit que trop large, si les blancs qui le séparent des deux pages sont bien observés.

La couverture est ordinairement la reproduction exacte du titre, à laquelle on ajoute un encadrement; la page occupe le centre du cadre; toutefois le blanc intérieur du pied doit être légèrement moins fort que celui de tête; cet encadrement se compose soit d'un simple filet, soit de plusieurs de genres variés, soit de combinaisons de vignettes : c'est le goût du compositeur qui préside à son établissement; il y a des couvertures très-riches d'ornements, accompagnées de bois gravés, et tirées à plusieurs couleurs; de même il en existe d'une grande simplicité, car on est arrivé aujourd'hui jusqu'à la suppression du cadre, et l'on se borne à reproduire uniquement le titre qui, dans ce cas, peut servir au tirage de l'un et de l'autre.

Une couverture ne se compose ordinairement que de deux pages; cependant il est des cas où l'on utilise les deux pages d'intérieur, comme, par exemple, dans les couvertures de livraisons ou de revues périodiques, pour les tables, sommaires ou annonces de librairie ; alors elle forme un quart.

Il ne suffit pas d'une parfaite exactitude dans les proportions du dos pour que le volume soit convenablement recouvert, les marges aussi doivent être bien ménagées ; il faut que celle de l'extérieur soit plus large que celle de fond, et celle de pied plus large que celle de tête.

En élévation, la composition du dos ne doit pas excéder celle du cadre ; elle se divise ordinairement en plusieurs compartiments séparés par des filets ; assez volontiers le premier compartiment reçoit le nom de l'auteur ; le deuxième, le titre complet ou abrégé du livre, et le dernier, le nom du libraire et le millésime. Les compartiments intermédiaires restent blancs ou sont occupés par de petites vignettes.

Malgré ce que nous venons de dire, on n'est pas sans quelque liberté alors qu'il s'agit d'établir une couverture. A ce moment, le compositeur devient en quelque sorte le relieur du volume ; dans ce cas et beaucoup d'autres, il peut être assuré que les fantaisies de son imagination seront admises si elles sont de bon goût et appropriées au sujet.

XXV.

DERNIERS CONSEILS.

Nous ne savons jamais trop bien le métier qui doit nous faire vivre.

Cet axiome, chers enfants, sera le dernier mot de ce petit livre, écrit spécialement pour vous. Lisez-le avec soin ; je veux espérer qu'il fera naître en vous le désir de recourir à ceux qui vous conduiront plus loin en vous instruisant davantage. Appliquez-vous à connaître et à utiliser toutes les ressources de votre métier ; appliquez-vous, par tous les moyens en votre pouvoir, à former votre goût et votre intelligence, et vous reconnaîtrez un jour que rien n'est plus solide ni plus agréable que l'instruction acquise volontairement.

Si à vos connaissances vous joignez une bonne conduite, soyez assurés que les meilleures maisons vous seront ouvertes, et que jamais le travail ne vous fera défaut; car, je l'ai toujours constaté à regret, les bons ouvriers sont rares dans toutes les professions, et lorsqu'ils apparaissent, ils sont immédiatement recherchés. Efforcez-vous donc d'appartenir à cette catégorie[1]. Il n'est rien de plus respectable que l'homme qui doit tout à lui-même.

Avant de vous quitter, j'ai voulu vous adresser ces conseils, et surtout vous faire profiter encore de ceux d'un excellent livre que j'ai eu l'occasion de citer plus d'une fois[2]. Les considérations suivantes sur l'apprentissage, que j'y rencontre, trouvent ici leur place naturelle, et je suis heureux de voir mes avis confirmés par une voix plus autorisée que la mienne.

« La durée ordinaire de l'apprentissage est de quatre ans; elle ne doit être abrégée que par des considérations d'âge ou d'instruction qui justifient de rares exceptions à cette règle générale de l'ate-

1. Mentionnons ici avec plaisir que le travail de composition et de mise en pages de ce petit livre, qui a présenté parfois certaines difficultés, a été exécuté, dans toutes ses parties, par le jeune Paul Bourges, apprenti de notre maison; et nous nous plaisons à reconnaître que, dans cette circonstance, il a montré l'intelligence et les qualités qui constituent le bon ouvrier.

2. *Traité de la Typographie*, par Henri Fournier.

lier. Le sacrifice de quatre années peut sembler dur aux familles qui en supportent les conséquences; mais, d'une part, ce laps de temps n'a rien d'exagéré, en raison des nombreux détails qui doivent se fixer dans la mémoire de l'apprenti; d'un autre côté, ce temps n'est pas entièrement improductif pour lui : son travail commence à être rémunéré au bout d'une certaine période, alors qu'il devient profitable à l'établissement pour lequel la formation de l'apprenti a été primitivement une charge très-réelle.

« L'apprenti est tenu de faire, en même temps que toute chose relative à la connaissance de l'état qu'il apprend, le service, tant intérieur qu'extérieur, de l'atelier auquel il appartient. Il ne relève que des personnes qui ont mission de le diriger et de lui donner des ordres; mais il n'en doit pas moins aux autres ouvriers tous les égards et tous les bons offices que son âge et sa condition leur permettent d'attendre de lui.

« Il ne doit rechigner à aucune des occupations ni des corvées qui incombent à son noviciat. Le balayage de l'atelier, le triage des ordures parmi lesquelles se retrouvent des caractères et d'autres fragments de matériel, enfin tous les soins de propreté, sont des charges inhérentes à son contrat. Il devra les accepter et s'en acquitter consciencieusement ; il en ressortira chez lui le sentiment du bon ordre, celui de la nécessité, pour chacune des personnes de l'atelier, de concourir à sa bonne tenue ; et, avec un peu de réflexion, il sera amené à ambitionner pour son compte cette réputation d'homme soigneux qui contribue si puissamment à l'avancement et au bien-être de l'ouvrier.

« Quant aux petits travaux qui lui sont dévolus, si minutieux, si fastidieux, si monotones qu'ils puissent lui paraître, il n'en est aucun qui ne porte fruit dans l'éducation de l'apprenti, aucun auquel il ne serait regrettable qu'il voulût se soustraire.

« Ainsi la composition des pâtés, objet d'une répugnance qu'il faut souvent combattre avec énergie chez l'apprenti, lui enseigne, à la longue, à reconnaître à première vue la force de corps des lettres qu'il s'agit de démêler ; c'est par là aussi qu'il sait distinguer entre eux les caractères de même corps, mais d'œils différents.

« La tenue de la copie et la lecture qu'il en fait à haute voix pour le correcteur le familiarisent avec le manuscrit, que plus tard il sera appelé à composer. Supposez-le, à cette seconde époque, dépourvu de toute habitude de déchiffrer l'écriture, de la ponctuer, de l'orthographier, et livré sur ce point aux seules ressources d'une instruction primaire; évidemment l'apprenti, devenu ouvrier, hésitant devant sa copie, regrettera amèrement d'avoir perdu l'occasion de s'exercer à la lecture du manuscrit, et de l'approprier aux règles de l'imprimerie, qui sont sous ce rapport la reproduction rigoureuse des règles de la langue.

« Il importe à l'apprenti de se rompre successivement à tous les genres de travaux, en commençant par la composition la plus simple et la plus élémentaire, pour arriver par degrés jusqu'aux difficultés et aux questions de goût qui se rencontrent dans la confection des tableaux. C'est ainsi qu'il pourra s'élever au-dessus de cette sphère de médiocrité dans laquelle l'homme reste délaissé, et voué à un salaire modique et incertain.

« Pour parvenir à ce but, auquel il est nécessaire d'aspirer, l'apprenti ne devra négliger aucune des bonnes directions qui lui seront données. Il ne faudra pas que, parmi les enseignements de ses instructeurs, il ne prenne que ceux qui lui sembleront faciles et laisse de côté ceux qui demanderont plus de soins et d'efforts. Il devra se soumettre à toutes les exigences et à toutes les rigueurs du métier; c'est à ce prix seulement qu'il pourra plus tard recueillir les avantages et la considération assurés à tout homme qui se place au premier rang parmi ses égaux.

« Nous ne terminerons pas cet exposé de la condition de l'apprenti, telle que l'expérience nous l'a démontrée, sans insister sur les points essentiels à observer de sa part, pour que l'enseignement qui lui est donné produise d'heureux résultats.

« On se plaint aujourd'hui, non sans raison, de ce que le niveau de capacité des ouvriers typographes subit un abaissement sensible et progressif. Ce fait, regrettable dans le présent et menaçant pour l'avenir, tient à cette cause, que l'apprenti ne possède malheureusement pas toujours l'instruction classique nécessaire pour aborder un état qui n'est pas purement manuel, et qu'il n'y peut suppléer par son intelligence et sa facilité à s'instruire par la pratique.

« L'apprentissage est une œuvre capitale, irrémédiable si elle n'a pas été bien accomplie; elle mérite donc l'attention très-sérieuse de tous ceux qui y prennent part. Il faut que le jeune homme qui débute dans l'atelier se pénètre de la pensée qu'il va décider lui-même de son sort à venir. S'il reconnaît que son instruction grammaticale est insuffisante, il devra la compléter pendant ses heures de loisir, et réserver exclusivement pour son instruction professionnelle son temps de présence. Ce n'est que par cet ensemble d'efforts et de bonne volonté que l'imprimerie peut recruter des ouvriers dignes d'une profession où l'esprit a un rôle considérable. »

Nous ne saurions rien ajouter à ces excellents conseils, sinon la recommandation de s'en pénétrer et de les suivre.

APPENDICE

CALCULS FAITS

POUR ÉTABLIR RÉGULIÈREMENT

LES GARNITURES

(Système de M. Maréchal)

L'établissement d'une garniture est la répartition proportionnelle, entre les pages, de tout le blanc qui n'est pas occupé par l'impression sur la feuille de papier.

Pour connaître le blanc dont on peut disposer dans les deux sens de la feuille de papier, et faire la division ou la répartition exacte de ce blanc aux *petites* et aux *grandes têtes*, aux *petits* et aux *grands fonds*, il faut préalablement se rendre compte de la place occupée sur le papier par l'ensemble des pages contenues dans une forme d'un format donné. Pour obtenir ce résultat, voici comment on devra procéder, en prenant ici une forme in-18 pour exemple :

On multiplie la hauteur d'une des pages (dégagée de tout blanc de pied et d'interligne de tête) par 3, et la largeur de la justification par 6. Le chiffre donné par chacune de ces opérations étant à déduire des dimensions de la feuille de papier (hauteur et largeur), la partie surabondante de chaque côté indique le *blanc total* dont on peut disposer pour les divers blancs de la garniture.

Ce blanc une fois déterminé, il convient d'en faire connaître la répartition régulière entre les pages.

Supposons l'imposition d'une forme in-18 sur papier *carré* dont les pages auraient 15 cicéros de largeur et 26 cicéros de hauteur (voir la figure ci-dessous). La feuille contient 125 cicéros en largeur et 100 cicéros en hauteur. 6 pages de 15 cicéros donnent 90 cicéros à déduire de 125; il reste 35 cicéros. 3 pages de 26 cicéros donnent 78 cicéros à déduire de 100; il reste 22 cicéros.

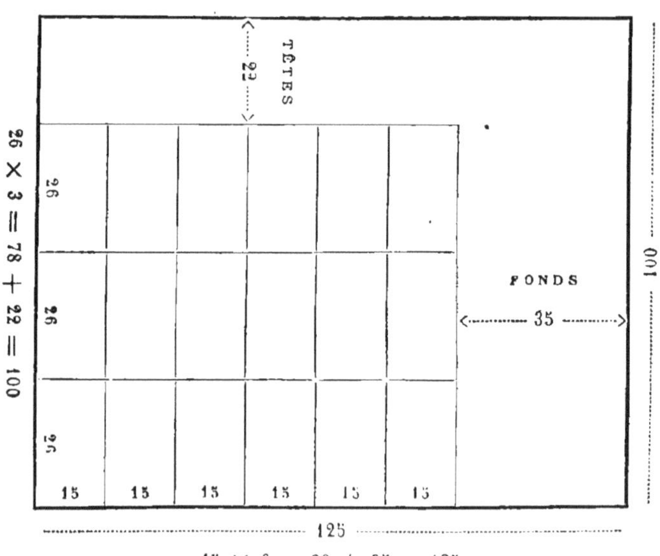

Le résultat de l'opération étant 35 cicéros restant pour *les fonds* et 22 cicéros restant pour *les têtes*, on cherche dans notre tableau des garnitures in-18 les deux chiffres correspondants, et l'on trouve en regard de chacun d'eux la répartition qui lui est propre. Ainsi :

35 cicéros à répartir indiquent.	Pour *petits fonds*. .	4 cicéros 8 points.
	Pour *grands fonds* .	7 — » —
22 cicéros à répartir indiquent.	Pour *petites têtes*. .	5 — 10 —
	Pour *grandes têtes* .	7 — 4 —

La démonstration qui précède s'applique à tous les formats en général, en opérant sur le nombre de pages qu'ils comportent.

On peut éviter de multiplier les pages par leur largeur en plaçant sur la feuille de papier, à la suite les unes des autres, autant d'interlignes de la justification qu'il y a de pages dans la forme; la partie du papier qui n'est pas couverte par les interlignes représente le *blanc total* à répartir dans les fonds.

Exceptions. — 1° Lorsque les pages d'un ouvrage porteront un *folio* au lieu d'un *titre courant*, on établira d'abord la garniture comme il vient d'être dit, puis on retirera 2 ou 3 points en tête de chaque page pour les reporter au pied.

2° Quand on sera prévenu qu'une brochure ou un volume est destiné à être rogné, on retirera dans les petits fonds, la garniture une fois établie régulièrement, de 6 à 12 points, selon les marges et selon le format, qu'on rejettera en même proportion dans les grands fonds et sur les bords.

OBSERVATIONS PARTICULIÈRES

Pour les multiples de l'in-8°, on procède sur toute fraction de la feuille de papier qui contient 8 pages. Ainsi, pour l'in-16, on opère sur la demi-feuille, qui forme un in-8°; pour l'in-32, sur le quart de feuille, qui forme encore un in-8°, etc. Pour l'in-24 *long,* on procède sur la demi-feuille, qui forme un in-12.

Il va sans dire que, lorsqu'on procède par fraction de 8 pages dans une imposition multiple de ce nombre, le *blanc de fond* qui sépare une fraction de l'autre est égal à celui du *grand fond* obtenu pour les 8 pages sur lesquelles on opère; quant au blanc de la *rencontre des pieds de pages,* il est représenté par la partie qui reste du *blanc total* pour *têtes,* celles-ci déduites.

Exemple *du dernier cas.* — Le *blanc de têtes* dans l'in-8° étant de 6/15, le blanc de la *rencontre des pieds de pages* doit être de 9/15; donc, si le *blanc total* pour *têtes* est de 20 cicéros, on en prélève 8 pour les *têtes* qui forment les 6/15; et le reste, 12 cicéros ou les 9/15, se place à la *rencontre des pieds de pages.*

Pour l'in-24 *long*, le blanc de séparation des deux parties de 12 pages est semblable à celui des grands fonds.

Pour l'in-24 *oblong,* on trouvera les *blancs de têtes* dans le tableau des **Fonds** de l'in-8° (petits fonds pour têtes et grands fonds pour pieds), et les *blancs de fonds* dans le tableau des Fonds de l'in-18.

Pour l'in-36, chercher les *blancs de fonds* et les *blancs de têtes* dans le tableau des **Fonds** de l'in-18 (petits fonds pour têtes et grands fonds pour pieds).

Voir, pour l'*in-folio,* le tableau des garnitures in-4°; les proportions à observer sont les mêmes.

Dans le cas où l'on aurait à répartir un *blanc total inférieur* ou *supérieur* à ceux qui figurent dans les tableaux, on peut prendre la moitié de celui qui forme le double, ou doubler celui qui forme la moitié du chiffre du *blanc total* que l'on cherche. On peut encore composer un *blanc total* qui ne se trouverait pas sur les tableaux, par la réunion de deux chiffres de la colonne du *blanc total*. Quand le chiffre du *blanc total* que l'on a à répartir ne figure pas aux tableaux, mais se rapproche de l'un d'eux à quelques points près, on prend ce dernier en modifiant les fractions selon que la différence est en plus ou en moins.

Nos tableaux et les observations qui s'y rattachent s'appliquent également aux impositions de *pages clichées*, en ayant soin toutefois de laisser de côté les talus, qui comptent naturellement pour leur valeur dans les blancs à placer.

Pour mesurer facilement et exactement les pages et les feuilles de papier, nous recommandons essentiellement l'emploi du *typomètre* (*), instrument de précision qui devient indispensable à l'ouvrier typographe, une fois qu'il en a fait usage.

Nos chiffres de *blanc total* sont le résultat, pour l'in-18, l'in-12 et l'in-8°, de calculs faits sur des pages diminuant de 3 points en 3 points en hauteur et en largeur, et, pour l'in-4° et l'in-folio, sur des pages diminuant de 6 points en 6 points dans les deux sens de la page.

Dans les tableaux qui suivent, le **cicéro** a la valeur de **douze points.**

(*) Mesure divisée d'un côté par *douze points, six points* et *trois points*, et de l'autre côté par *centimètre, demi-centimètre et millimètre.*

GARNITURES IN-18

FONDS

BLANC TOTAL A RÉPARTIR	PETITS FONDS 2/15	GRANDS FONDS 3/15	BLANC TOTAL A RÉPARTIR	PETITS FONDS 2/15	GRANDS FONDS 3/15
cicéros. points.	c. p.	c. p.	cicéros. points.	c. p.	c. p.
17 . »	2 . 3	3 . 5	**50 . »**	6 . 8	10 . »
18 . 6	2 . 6	3 . 8	**51 . 6**	6 . 10	10 . 4
20 . »	2 . 8	4 . »	**53 . »**	7 . 1	10 . 7
21 . 6	2 . 10	4 . 4	**54 . 6**	7 . 3	10 . 11
23 . »	3 . 1	4 . 7	**56 . »**	7 . 6	11 . 2
24 . 6	3 . 3	4 . 11	**57 . 6**	7 . 8	11 . 6
26 . »	3 . 6	5 . 2	**59 . »**	7 . 10	11 . 10
27 . 6	3 . 8	5 . 6	**60 . 6**	8 . 1	12 . 1
29 . »	3 . 10	5 . 10	**62 . »**	8 . 3	12 . 5
30 . 6	4 . 1	6 . 1	**63 . 6**	8 . 6	12 . 8
32 . »	4 . 3	6 . 5	**65 . »**	8 . 8	13 . »
33 . 6	4 . 6	6 . 8	**66 . 6**	8 . 10	13 . 4
35 . »	4 . 8	7 . »	**68 . »**	9 . 1	13 . 7
36 . 6	4 . 10	7 . 4	**69 . 6**	9 . 3	13 . 11
38 . »	5 . 1	7 . 7	**71 . »**	9 . 6	14 . 2
39 . 6	5 . 3	7 . 11	**72 . 6**	9 . 8	14 . 6
41 . »	5 . 6	8 . 2	**74 . »**	9 . 10	14 . 10
42 . 6	5 . 8	8 . 6	**75 . 6**	10 . 1	15 . 1
44 . »	5 . 10	8 . 10	**77 . »**	10 . 3	15 . 5
45 . 6	6 . 1	9 . 1	**78 . 6**	10 . 6	15 . 8
47 . »	6 . 3	9 . 5	**80 . »**	10 . 8	16 . »
48 . 6	6 . 6	9 . 8	**81 . 6**	10 . 10	16 . 4

GARNITURES IN-18

TÊTES

BLANC TOTAL A RÉPARTIR	PETITES TÊTES 4/15	GRANDES TÊTES 5/15	BLANC TOTAL A RÉPARTIR	PETITES TÊTES 4/15	GRANDES TÊTES 5/15
cicéros. points.	c. p.	c. p.	cicéros. points.	c. p.	c. p.
19 . »	5 . 1	6 . 4	**35 . 6**	9 . 6	11 . 10
19 . 9	5 . 3	6 . 7	**36 . 3**	9 . 8	12 . 1
20 . 6	5 . 6	6 . 10	**37 . »**	9 . 10	12 . 4
21 . 3	5 . 8	7 . 1	**37 . 9**	10 . 1	12 . 7
22 . »	5 . 10	7 . 4	**38 . 6**	10 . 3	12 . 10
22 . 9	6 . 1	7 . 7	**39 . 3**	10 . 6	13 . 1
23 . 6	6 . 3	7 . 10	**40 . »**	10 . 8	13 . 4
24 . 3	6 . 6	8 . 1	**40 . 9**	10 . 10	13 . 7
25 . »	6 . 8	8 . 4	**41 . 6**	11 . 1	13 . 10
25 . 9	6 . 10	8 . 7	**42 . 3**	11 . 3	14 . 1
26 . 6	7 . 1	8 . 10	**43 . »**	11 . 6	14 . 4
27 . 3	7 . 3	9 . 1	**43 . 9**	11 . 8	14 . 7
28 . »	7 . 6	9 . 4	**44 . 6**	11 . 10	14 . 10
28 . 9	7 . 8	9 . 7	**45 . 3**	12 . 1	15 . 1
29 . 6	7 . 10	9 . 10	**46 . »**	12 . 3	15 . 4
30 . 3	8 . 1	10 . 1	**46 . 9**	12 . 6	15 . 7
31 . »	8 . 3	10 . 4	**47 . 6**	12 . 8	15 . 10
31 . 9	8 . 6	10 . 7	**48 . 3**	12 . 10	16 . 1
32 . 6	8 . 8	10 . 10	**49 . »**	13 . 1	16 . 4
33 . 3	8 . 10	11 . 1	**49 . 9**	13 . 3	16 . 7
34 . »	9 . 1	11 . 4	**50 . 6**	13 . 6	16 . 10
34 . 9	9 . 3	11 . 7	**51 . 3**	13 . 8	17 . 1

GARNITURES IN-12

FONDS					
BLANC TOTAL A RÉPARTIR	PETITS FONDS 3/15	GRANDS FONDS 4/15 1/2	BLANC TOTAL A RÉPARTIR	PETITS FONDS 3/15	GRANDS FONDS 4 15 1/2
cicéros. points.	c. p.	c. p.	cicéros. points.	c. p.	c. p.
15 . »	3 . »	4 . 6	**37** . »	7 . 5	11 . 1
16 . »	3 . 2	4 . 10	**38** . »	7 . 7	11 . 5
17 . »	3 . 5	5 . 1	**39** . »	7 . 10	11 . 8
18 . »	3 . 7	5 . 5	**40** . »	8 . »	12 . »
19 . »	3 . 10	5 . 8	**41** . »	8 . 2	12 . 4
20 . »	4 . »	6 . »	**42** . »	8 . 5	12 . 7
21 . »	4 . 2	6 . 4	**43** . »	8 . 7	12 . 11
22 . »	4 . 5	6 . 7	**44** . »	8 . 10	13 . 2
23 . »	4 . 7	6 . 11	**45** . »	9 . »	13 . 6
24 . »	4 . 10	7 . 2	**46** . »	9 . 2	13 . 10
25 . »	5 . »	7 . 6	**47** . »	9 . 5	14 . 1
26 . »	5 . 2	7 . 10	**48** . »	9 . 7	14 . 5
27 . »	5 . 5	8 . 1	**49** . »	9 . 10	14 . 8
28 . »	5 . 7	8 . 5	**50** . »	10 . »	15 . »
29 . »	5 . 10	8 . 8	**51** . »	10 . 2	15 . 4
30 . »	6 . »	9 . »	**52** . »	10 . 5	15 . 7
31 . »	6 . 2	9 . 4	**53** . »	10 . 7	15 . 11
32 . »	6 . 5	9 . 7	**54** . »	10 . 10	16 . 2
33 . »	6 . 7	9 . 11	**55** . »	11 . »	16 . 6
34 . »	6 . 10	10 . 2	**56** . »	11 . 2	16 . 10
35 . »	7 . »	10 . 6	**57** . »	11 . 5	17 . 1
36 . »	7 . 2	10 . 10	**58** . »	11 . 7	17 . 5

GARNITURES IN-12

TÊTES

BLANC TOTAL A RÉPARTIR	PETITES TÊTES 4/15	GRANDES TÊTES 5/15	BLANC TOTAL A RÉPARTIR	PETITES TÊTES 4/15	GRANDES TÊTES 5/15
cicéros. points.	c. p.	c. p.	cicéros. points.	c. p.	c. p.
19 . »	5 . 1	6 . 4	**35 . 6**	9 . 6	11 . 10
19 . 9	5 . 3	6 . 7	**36 . 3**	9 . 8	12 . 1
20 . 6	5 . 6	6 . 10	**37 . »**	9 . 10	12 . 4
21 . 3	5 . 8	7 . 1	**37 . 9**	10 . 1	12 . 7
22 . »	5 . 10	7 . 4	**38 . 6**	10 . 3	12 . 10
22 . 9	6 . 1	7 . 7	**39 . 3**	10 . 6	13 . 1
23 . 6	6 . 3	7 . 10	**40 . »**	10 . 8	13 . 4
24 . 3	6 . 6	8 . 1	**40 . 9**	10 . 10	13 . 7
25 . »	6 . 8	8 . 4	**41 . 6**	11 . 1	13 . 10
25 . 9	6 . 10	8 . 7	**42 . 3**	11 . 3	14 . 1
26 . 6	7 . 1	8 . 10	**43 . »**	11 . 6	14 . 4
27 . 3	7 . 3	9 . 1	**43 . 9**	11 . 8	14 7
28 . »	7 . 6	9 . 4	**44 . 6**	11 . 10	14 . 10
28 . 9	7 . 8	9 . 7	**45 . 3**	12 . 1	15 . 1
29 . 6	7 . 10	9 . 10	**46 . »**	12 . 3	15 . 4
30 . 3	8 . 1	10 . 1	**46 . 9**	12 . 6	15 . 7
31 . »	8 . 3	10 . 4	**47 . 6**	12 . 8	15 . 10
31 . 9	8 . 6	10 . 7	**48 . 3**	12 . 10	16 . 1
32 . 6	8 . 8	10 . 10	**49 . »**	13 . 1	16 . 4
33 . 3	8 . 10	11 . 1	**49 . 9**	13 . 3	16 . 7
34 . »	9 . 1	11 . 4	**50 . 6**	13 . 6	16 . 10
34 . 9	9 . 3	11 . 7	**51 . 3**	13 . 8	17 . 1

GARNITURES IN-8°

FONDS					
BLANC TOTAL A RÉPARTIR	PETITS FONDS 3/15	GRANDS FONDS 4/15 1/2	BLANC TOTAL A RÉPARTIR	PETITS FONDS 3/15	GRANDS FONDS 4/15 1/2
cicéros. points.	c. p.	c. p.	cicéros. points.	c. p.	c. p.
20 . »	4 . »	6 . »	**42** . »	8 . 5	12 . 7
21 . »	4 . 2	6 . 4	**43** . »	8 . 7	12 . 11
22 . »	4 . 5	6 . 7	**44** . »	8 . 10	13 . 2
23 . »	4 . 7	6 . 11	**45** . »	9 . »	13 . 6
24 . »	4 . 10	7 . 2	**46** . »	9 . 2	13 . 10
25 . »	5 . »	7 . 6	**47** . »	9 . 5	14 . 1
26 . »	5 . 2	7 . 10	**48** . »	9 . 7	14 . 5
27 . »	5 . 5	8 . 1	**49** . »	9 . 10	14 . 8
28 . »	5 . 7	8 . 5	**50** . »	10 . »	15 . »
29 . »	5 . 10	8 . 8	**51** . »	10 . 2	15 . 4
30 . »	6 . »	9 . »	**52** . »	10 . 5	15 . 7
31 . »	6 . 2	9 . 4	**53** . »	10 . 7	15 . 11
32 . »	6 . 5	9 . 7	**54** . »	10 . 10	16 . 2
33 . »	6 . 7	9 . 11	**55** . »	11 . »	16 . 6
34 . »	6 . 10	10 . 2	**56** . »	11 . 2	16 . 10
35 . »	7 . »	10 . 6	**57** . »	11 . 5	17 . 1
36 . »	7 . 2	10 . 10	**58** . »	11 . 7	17 . 5
37 . »	7 . 5	11 . 1	**59** . »	11 . 10	17 . 8
38 . »	7 . 7	11 . 5	**60** . »	12 . »	18 . »
39 . »	7 . 10	11 . 8	**61** . »	12 . 2	18 . 4
40 . »	8 . »	12 . »	**62** . »	12 . 5	18 . 7
41 . »	8 . 2	12 . 4	**63** . »	12 . 7	18 . 11

GARNITURES IN-8°

TÊTES

BLANC TOTAL A RÉPARTIR	TÊTES 6.15	BLANC TOTAL A RÉPARTIR	TÊTES 6.15
cicéros. points.	c. p.	cicéros. points.	c. p.
15 . »	6 . »	**26 . »**	10 . 5
15 . 6	6 . 2	**26 . 6**	10 . 7
16 . »	6 . 5	**27 . »**	10 . 10
16 . 6	6 . 7	**27 . 6**	11 . »
17 . »	6 . 10	**28 . »**	11 . 1
17 . 6	7 . »	**28 . 6**	11 . 5
18 . »	7 . 2	**29 . »**	11 . 7
18 . 6	7 . 5	**29 . »**	11 . 10
19 . »	7 . 7	**30 . »**	12 . »
19 . 6	7 . 10	**30 . 6**	12 . 2
20 . »	8 . »	**31 . »**	12 . 5
20 . 6	8 . 2	**31 . 6**	12 . 7
21 . »	8 . 5	**32 . »**	12 . 10
21 . 6	8 . 7	**32 . 6**	13 . »
22 . »	8 . 10	**33 . »**	13 . 2
22 . 6	9 . »	**33 . 6**	13 . 5
23 . »	9 . 2	**34 . »**	13 . 7
23 . 6	9 . 5	**34 . 6**	13 . 10
24 . »	9 . 7	**35 . »**	14 . »
24 . 6	9 . 10	**35 . 6**	14 . 2
25 . »	10 . »	**36 . »**	14 . 5
25 . 6	10 . 2	**36 . 6**	14 . 7

GARNITURES IN-4°

FONDS

BLANC TOTAL A RÉPARTIR	FONDS 6/15	BLANC TOTAL A RÉPARTIR	FONDS 6/15
cicéros. points.	c. p.	cicéros. points.	c. p.
20 . »	8 . »	**40** . »	16 . »
21 . »	8 . 5	**41** . »	16 . 5
22 . »	8 . 10	**42** . »	16 . 10
23 . »	9 . 2	**43** . »	17 . 2
24 . »	9 . 7	**44** . »	17 . 7
25 . »	10 . »	**45** . »	18 . »
26 . »	10 . 5	**46** . »	18 . 5
27 . »	10 . 10	**47** . »	18 . 10
28 . »	11 . 2	**48** . »	19 . 2
29 . »	11 . 7	**49** . »	19 . 7
30 . »	12 . »	**50** . »	20 . »
31 . »	12 . 5	**51** . »	20 . 5
32 . »	12 . 10	**52** . »	20 . 10
33 . »	13 . 2	**53** . »	21 . 2
34 . »	13 . 7	**54** . »	21 . 7
35 . »	14 . »	**55** . »	22 . »
36 . »	14 . 5	**56** . »	22 . 5
37 . »	14 . 10	**57** . »	22 . 10
38 . »	15 . 2	**58** . »	23 . 2
39 . »	15 . 7	**59** . »	23 . 7

TÊTES, même proportion que pour les fonds.

VOCABULAIRE

DU

COMPOSITEUR

Ce Vocabulaire est le complément indispensable de ce petit Traité. Il sera nécessaire d'y avoir recours, parce qu'il contient une quantité de mots et de détails que l'élève doit connaître, et qui n'ont pu toujours trouver place dans le cours de ce travail.

ABRÉVIATIONS. — Signes par lesquels on supplée à un mot, à une phrase.

ADDITIONS. — Notes très-succinctes, qui se placent à la marge extérieure des pages, hors de la justification et sans renvoi. Elles se font en très-petit caractère, sans interlignes, et se placent en regard du texte auquel elles se rapportent; parfois elles ne se composent que d'un millésime ou d'une date. L'avantage de ces notes est, au point de vue de la facilité qu'elles offrent pour les recherches, incontestable, surtout dans les livres d'histoire; néanmoins l'usage en est presque perdu aujourd'hui. On leur donne aussi le nom de *manchettes*.

Addition se dit également pour signifier un *ajouté* soit à l'épreuve, soit au manuscrit. Il y a une *addition* de plusieurs feuillets de manuscrit à telle feuille.

AIS. — Espèces de plateaux formés de planches de sapin ou de chêne réunies par deux traverses, sur lesquels on desserre les formes dont le texte doit être conservé. Il y a des plateaux de format carré, raisin et jésus.

Ajouté. — Partie de manuscrit intercalée après coup soit sur la copie, soit sur l'épreuve.

Alignement. — L'alignement est vertical ou horizontal. Les chiffres qui doivent être additionnés, les vers de même mesure sont alignés verticalement ; les caractères qui diffèrent d'œil ou de corps sont alignés horizontalement dans leur partie inférieure à l'aide de parangonnages.

Alinéa. — Mot qui veut dire *à la ligne*, aussi l'alinéa est-il toujours renfoncé d'un cadratin. Il peut être considéré comme un signe de ponctuation plus fort que le *point*, parce qu'il marque dans le discours un temps d'arrêt plus prolongé. Dans les grandes justifications, on a pris, avec raison, l'habitude de le renfoncer de deux et même de plusieurs cadratins. En poésie, dans les vers de mesure régulière et suivie, l'alinéa s'indique par un cadratin ; mais il est préférable de le faire sentir par une ligne de blanc. Dans ce cas, on se dispense de renfoncer le premier vers.

Aparté. — Mot emprunté du latin. Dans les pièces de théâtre, ce sont les paroles prononcées par un acteur de manière à n'être entendues que du public, et qu'on suppose ne pas l'être des acteurs. — L'*aparté* fait partie des jeux de scène et, comme eux, se compose en italique ou en petit caractère parangonné.

Apostrophe. — Signe de l'élision. Les mots de la langue française qui s'élident et prennent l'apostrophe sont : les articles *la, le;* les pronoms personnels *je, me, te, se;* le pronom démonstratif *ce;* la préposition *de;* la conjonction *que;* les adjectifs et adverbes *quelque, jusque, lorsque, puisque, quoique*, etc. L'*i* de la conjonction *si* s'élide devant le pronom *il*. Il est d'autres élisions admises, telles que celle de l'adjectif féminin *grande* dans les exemples suivants : *grand'chambre, grand'chose, grand'croix, grand'garde, grand'mère, grand'messe, grand'-rue, grand'tante*, etc.

La configuration de l'apostrophe est exactement semblable à celle de la virgule ; la place qu'elle occupe dans le texte établit la différence qui seule la distingue de cette dernière ; la virgule a sa place à la partie basse des lettres ; l'apostrophe, au contraire, en occupe la partie haute, comme les lettres supérieures. Elle se place, sans espace, dans le mot élidé. On ne doit jamais diviser un mot après une apostrophe, excepté toutefois dans les derniers exemples ci-dessus : *grand'mère, grand'croix,* etc.

Appel de note. — Le chiffre ou la lettre placée dans le texte pour renvoyer à la note correspondante.

Approche. — Le blanc que chaque lettre porte avec elle pour la séparer légèrement d'une autre lettre.

Assortiment. — Police partielle, plus ou moins importante, qui a pour objet de compléter un caractère. Voir le mot *Police*.

Banque. — On appelle ainsi la paye des ouvriers. — *Livre de banque ; faire la banque.*

Barre du châssis. — Celle qui le divise en deux parties, parfois inégales, et aux extrémités de laquelle on a pratiqué une mortaise, pour recevoir les pointures dans les tirages à la presse manuelle.

Bêcheveter. — Imposer tête à tête, ou tête bêche.

Belle page. — La page de droite dans un livre ouvert. — *Tomber en belle page :* combinaison de la mise en pages qui consiste à terminer un chapitre ou une division quelconque de l'ouvrage en page paire, de manière à commencer le chapitre suivant à la page impaire.

Bilboquet. — Petit travail sans importance, facture, adresse, etc.

Biseau. — Tringle de bois de longueur indéterminée qui s'amincit graduellement d'une extrémité à l'autre, et qu'on emploie pour serrer les formes.

Blancs. — Dans les garnitures, on distingue les petits et les grands blancs : les uns comprennent les fonds et les têtes ; les autres donnent les marges extérieures et de pied.

Blanchir. — Augmenter le nombre des interlignes, des lignes de cadrats, ou des plombs de garnitures, pour obtenir plus de blanc.

Bloc. — Pièce quadrangulaire, en plomb ou même en bois, propre à supporter et à fixer les clichés dans les châssis.

Bloquer. — Remplacer provisoirement une lettre par une autre de même épaisseur : dans ce cas, et par exception, la lettre doit être placée le cran dessus.

Bois. — Les biseaux, les réglettes, les coins qui entrent dans l'établissement des garnitures.

Bois gravé. — Dessin, vignette, cul-de-lampe, tout sujet gravé sur buis qui se place soit dans le texte, soit en dehors.

Bois habillé. — Celui qui est entouré de texte sur une ou plusieurs de ses faces.

Boiteuse. — Se dit d'une colonne plus courte que celle qui y correspond.

Bourdon. — Omission faite, en composant, d'un ou de plusieurs mots, d'une phrase, d'un alinéa.

Brochure. — Ouvrage de peu d'étendue, qui ne forme qu'un petit nombre de feuilles. — On entend également par ce mot le travail du brocheur.

Cahier. — Fraction d'une feuille qui est composée de plusieurs cartons.

Câler, câlance. — Manquer de travail pour une cause accidentelle.

Carton. — Quatre pages imprimées ou quatre pages de composition, quel que soit le format, l'in-folio et l'in-4° exceptés.

Casseau ou Bardeau. — On donne ce nom à une casse dont les proportions sont beaucoup plus grandes que celles d'une casse ordinaire, et dans laquelle on survide les sortes surabondantes ou provisoirement inutiles ; il en résulte que, selon la nature des travaux, certains cassetins sont remplis tandis que d'autres sont complétement vides; aussi attache-t-on ordinairement au mot *bardeau* l'idée de quelque chose d'incomplet. On dit qu'une casse est *bardeaude* lorsqu'elle est mal assortie et hors d'état de servir.

Chargée. — Se dit d'une épreuve qui comporte de nombreuses corrections. On dit : Cette épreuve est très-*chargée*.

Chasser. — Jeter des blancs, ou employer un caractère plus fort pour arriver à produire un nombre de lignes ou de pages plus considérable, sans augmentation de texte.

Châssis. — Cadre en fer servant à l'imposition des formes. Il en existe de diverses dimensions, selon les formats.

Chemise. — Couverture de papier de couleur, non imprimée, dont on recouvre une brochure de peu de feuilles, ou même un volume.

Chevauchage. — Alignement défectueux des lettres, qui se produit plus particulièrement à l'extrémité des lignes, quand les formes sont mal serrées.

Chiffres. — Il y en a de diverses sortes : arabes, romains, supérieurs, italiques. — *Chiffre :* Fleuron du libraire ou de l'éditeur.

Citations. — Extraits d'autres ouvrages. Elles se composent soit dans le caractère de l'ouvrage, avec guillemets, soit en caractère plus petit, soit en italique quand elles ont peu d'étendue.

Clichage. — Procédé qui consiste à solidifier, en la fondant d'une seule pièce, une page de composition qui contient parfois plusieurs milliers de lettres.

Cliché. — Une page quelconque, un fleuron, un bois gravé, reproduits par le clichage.

Coins. — Petits morceaux de bois rectangulaires, à l'aide desquels on serre les formes.

Colonne. — Partie d'une page, d'un tableau, qui comporte plusieurs colonnes séparées ou non par des filets. Les dictionnaires, index, etc., se composent à plusieurs colonnes.

Compositeur. — Nom donné à l'ouvrier qui assemble les lettres dans le composteur. — Ailleurs que dans une imprimerie le mot *compositeur* n'exprime qu'une idée incomplète et demande un complément. Il n'est pas rare de voir certaines personnes se demander s'il s'agit d'un compositeur musicien ou d'un compositeur de... quoi ? D'autres appellent improprement tous les compositeurs des *protes*. On aurait très-bien désigné le compositeur d'imprimerie par le mot *typothète* (du grec τύπος, caractère, et τίθημι, poser), qui se rencontre dans la plupart des historiens de la typographie, il était plus bref et plus significatif que *compositeur d'imprimerie*. Son étymologie, un peu prétentieuse, l'aura peut-être fait abandonner.

Conscience. — On appelle *hommes de conscience* les ouvriers payés à la journée, et non selon la quantité de travail qu'ils produisent, parce qu'ils sont considérés comme occupant leur temps consciencieusement.

Conservation. — Partie de matériel de composition mis en réserve, en vue de réimpression. On conserve en formes, en paquets, en armoire ou sur des ais.

Conserver. — Mettre en réserve après tirage, au lieu de distribuer.

Copie. — Le manuscrit ou la réimpression que reproduit le compositeur.

Coquille. — Substitution d'une lettre à une autre. Voir page 64. On appelle également *coquille* une sorte de papier collé, employé surtout pour la correspondance, les factures, etc.

Correcteur, Correction, Corriger. — Voir page 104.

Corrigeur. — Nom donné au compositeur chargé d'exécuter des corrections sur le plomb, pour le distinguer du correcteur qui corrige les épreuves.

COUCHÉES. — Lettres inclinées, hors d'aplomb, et qui, pour cette cause, sont illisibles au tirage.

COULISSE. — Planchette mobile d'une galée spéciale, dite *à coulisse,* sur laquelle on place la page de composition pour la faire glisser sur le marbre.

COUPOIR. — Outil à couper les lames de filets ou les interlignes sur une longueur voulue.

COUVERTURE. — C'est l'enveloppe du volume. — Voir les conditions dans lesquelles elle doit être établie, page 145.

CRAN. — Petite entaille que porte chaque lettre, indiquant le sens dans lequel elle doit être placée dans le composteur; le nombre et la disposition des crans varient, pour qu'on puisse distinguer les caractères de même force et en éviter le mélange.

CRÉNÉE. — Lettre dont l'œil dépasse le corps et fait saillie dans certaine partie. Ce genre de lettres se rencontre plus particulièrement dans l'italique.

DÉBLOQUER. — Retirer une lettre placée provisoirement et y substituer celle dont elle tient la place.

DÉCOGNOIR. — Morceau de bois ou de fer, aminci à l'une de ses extrémités, qui sert à serrer et à desserrer les formes.

DÉFETS OU DÉFECTS. — Exemplaires incomplets ou défectueux qui restent après le brochage entier de l'édition d'un livre.

DÉGARNIR. — Enlever toutes les parties de la garniture pour en débarrasser les pages. En dégarnissant pour mettre les formes en distribution, on enlève les lignes de pied, de tête, les titres, notes, sommaires, etc.

DELEATUR. — Nom latin du signe de correction indiquant une suppression.

DÉPÂTISSER. — Composer et distribuer les pâtés.

DÉSINTERLIGNER. — Enlever les interlignes d'une composition. A cet effet, on la met dans une galée, et, à l'aide de la pointe, on retire successivement chacune des interlignes.

Desserrer une forme. — Faire rétrograder les coins au moyen du marteau et du décognoir.

Détransposer. — Replacer dans leur ordre naturel des pages ou des lignes transposées.

Diable. — Un des cassetins de la casse réservé pour y placer les lettres gâtées et hors de service.

Distribuer, Distribution. — Action de détruire la composition. Voir page 61.

Division. — Signe qui sert à couper les mots à la fin des lignes. Voir page 35. — *Division* d'une forme : opération consistant à séparer en plusieurs parties un même texte destiné à être imprimé en diverses couleurs.

Doubler. — Rejeter le dernier mot ou la dernière syllabe d'un vers au bout du vers qui précède ou qui suit. — Doubler une composition, c'est la faire une seconde fois.

Doublon. — Un mot, une phrase, un alinéa que, par mégarde, on a reproduit deux fois dans la composition.

Échelle. — Signe de correction indiquant la manière dont un remaniement de plusieurs lignes doit être opéré.

Embaucher. — C'est admettre un ouvrier dans les ateliers. Il n'appartient qu'au prote ou au chef d'atelier d'*embaucher* des ouvriers.

Empaqueter. — Action d'envelopper de papier les paquets d'une composition que l'on veut conserver.

Encart. — Dans les feuilles de formats divisibles par cahiers, comme l'in-12, l'in-18, etc., on appelle ainsi un carton simple ou double, qui peut se détacher pour être intercalé au centre du cahier principal.

Encarter. — Mettre un encart à sa véritable place.

Épigraphe. — Citation courte, extraite d'un écrivain, d'un poëte, ou quelquefois du livre même qu'on imprime, et qui résume l'esprit dans lequel ce livre est écrit. Elle se place au titre, à droite de la justification, et ne peut en occuper que le tiers ou la moitié. On la compose indifféremment en sommaire ou en alinéa; le caractère en doit être beaucoup plus petit que celui de l'ouvrage.

Épreuves. — Voir pages 81 et 83.

Erratum, Errata. — Rectification des erreurs ou des fautes qui ont pu être commises à l'impression ou par l'auteur. *Erratum* ne s'emploie que lorsqu'il n'y a qu'une seule faute à relever.

Espacer. — Action de mettre des espaces entre les mots, ou des interlignes entre les lignes d'une page ou d'un titre.

Espaces. — Le blanc qui sépare les mots. Voir page 18.

Étoile. — Voir au chapitre des *Signes*, page 123.

Fantaisie. — On appelle ainsi les travaux dont la disposition est peu usitée ou capricieuse. On dit aussi d'un caractère qui s'éloigne des formes classiques : c'est un *caractère de fantaisie*.

Faux titre. — Avant-titre, qui occupe le centre de la première page d'un livre, et précède le grand titre, dont il est l'abrégé. Quand l'ouvrage comporte plusieurs volumes, on y ajoute la tomaison. Il arrive parfois qu'on sépare les grandes divisions d'un livre par un faux titre; il porte alors le titre propre à cette division.

Feuille. — Unité typographique quant à la composition et au tirage. Une feuille in-4°, une feuille in-18.

Feuillet. — Deux pages imprimées recto et verso, quel que soit le format; ce mot s'applique aussi aux feuillets de manuscrit.

Feuillet de réclame. — Le feuillet de copie qui termine une feuille et en commence une autre, et où l'on a dû indiquer *la réclame*.

Filets. — Lames de métal dont l'œil donne à l'impression une ou plusieurs lignes droites, et qui servent à encadrer les tableaux, à séparer les colonnes, à orner les couvertures. Il y en a de plusieurs sortes : les filets de cadre, maigres, double-maigres, gras, demi-gras, ombrés, azurés ; ils sont fondus sur des forces de corps qui varient de deux à six points. On nomme aussi filets de petits ornements qui servent à séparer les titres ou le texte, et à indiquer la fin des chapitres. Il y a le filet simple, le filet orné, le filet anglais, etc. Voir page 118.

Filet tremblé. — Petite vignette fondue sur *corps six*, qui se compose comme la lettre, et figure une espèce de feston ; il n'est plus guère employé aujourd'hui.

Fleuron. — Espèce d'ornement gravé sur bois ou sur cuivre, ou cliché, qui trouve sa place dans les titres ou dans les blancs à la fin des chapitres ; il y en a de toutes proportions ; ils ne sont pas établis sur des forces de corps régulières.

Folio. — Chiffres placés en tête des pages pour indiquer leur numéro d'ordre. Lorsque les pages portent des titres courants, le chiffre pair se place à l'angle droit de la page recto, et le chiffre impair à l'angle gauche de la page verso. En l'absence de titre courant, ce chiffre se place au centre de la justification, au milieu de deux moins — 128 — ou encore entre parenthèses (347). — Voir page 79.

Fonctions. — Expression par laquelle on désigne tout ce qui n'est pas composition. Faire des fonctions, c'est corriger, imposer, ranger, etc.

Fond (Blanc de). — Partie des plombs ou des bois de la garniture qui forme la marge intérieure des pages.

Format. — Le format d'un livre est déterminé par le genre et le nombre de plis donnés à la feuille de papier. Chaque format doit son nom à la quantité de feuillets contenus dans une feuille, ou à la moitié de cette quantité. Ainsi l'in-folio renferme deux feuillets ou quatre pages, l'in-4° quatre feuillets ou huit pages, et l'in-8° huit feuillets ou seize pages, etc.

Forme. — La moitié d'une feuille de composition imposée dans un châssis, ou encore toute composition complète contenue dans un seul châssis.

Frappe. — Collection des matrices qui composent un caractère complet.

Frontispice. — Le titre principal, le grand titre d'un livre, qui se place au commencement du volume; il est ordinairement précédé d'un faux titre.

Fumé. — Épreuve d'un poinçon gravé, qu'on obtient en présentant celui-ci à la flamme d'une bougie qui le noircit, et dont on prend empreinte sur une carte lisse. — Se dit aussi de l'épreuve d'un bois gravé obtenue à l'aide du brunissoir. Cette épreuve doit être consultée par l'imprimeur lors de la mise en train.

Gagner. — Par opposition à *chasser*. Tel caractère, tel manuscrit gagne sur tel autre, lorsqu'il produit moins de lignes et fait gagner des pages.

Galée a coulisse. — Outre la galée dont nous avons parlé, il en existe d'une forme particulière, nommée *galée à coulisse*. Bordée d'un troisième tasseau qui ferme l'angle supérieur de droite, elle sert pour les pages in-folio et in-4°. Le corps de cette galée est formée de deux planchettes, l'une fixe, l'autre mobile, maintenue entre deux rainures qui font coulisseau. C'est sur cette partie mobile, pourvue d'une poignée, qu'on place la composition. Pour imposer, on retire la coulisse comme un tiroir, et l'on fait glisser la page sur le marbre.

Galvano. — Nom qu'on donne aujourd'hui à un cliché obtenu par la galvanoplastie.

Garde. — Feuillet blanc qui précède le titre ou qui suit la table, entre la couverture et le volume.

Garnir. — Entourer les pages des garnitures en plomb ou en bois qui servent à les maintenir dans le châssis.

Garnitures. — Plombs fondus systématiquement pour remplir les intervalles qui séparent les pages d'une forme; ils déterminent et représentent les marges du papier. Quand on dit *la garniture d'une feuille*, on entend par là l'ensemble de toutes les pièces qui la composent. Voir page 86.

HABILLAGE. — On appelle ainsi l'opération qui consiste à entourer un bois gravé ou un cliché d'une partie du texte, remanié à cet effet sur une justification arbitraire et selon la forme de ce bois. Dans les ouvrages illustrés, où les bois se présentent fréquemment, s'il s'en trouve un en page paire et un autre en page impaire, il faut, autant que possible, faire en sorte qu'ils tombent en regard et placer chacun d'eux de telle sorte qu'il confine à la grande marge.

HAUTEUR ou HAUTEUR EN PAPIER. — C'est la hauteur comprise depuis le pied de la lettre jusqu'à la superficie de l'œil. A Paris, elle est identique pour tous les caractères ; à Lyon, les caractères ont environ un millimètre de plus.

IBIDEM. — Mot latin dont on se sert pour éviter de répéter le passage ou le titre d'un ouvrage qui vient d'être cité.

IDEM. — Mot latin qui s'applique d'une manière analogue au nom d'un personnage ou d'un objet. Ce mot et le précédent se mettent en italique, et jamais en tête d'une colonne de notes.

ILLUSTRATIONS. — Ce mot désigne les gravures sur acier ou sur bois qui accompagnent un livre, et figurent hors du texte ou dans le texte même.

IMPOSITION. — C'est une des fonctions du metteur en pages ou de l'homme de conscience. Voir page 86.

INTERCALATION. — Addition d'un mot, d'une phrase, d'un passage, d'un feuillet dans un texte manuscrit ou imprimé. — On appelle aussi intercalation un carton ou une demi-feuille qui, faisant partie ou non d'une feuille, trouve place dans cette feuille.

INTERCALER. — C'est comprendre dans l'imposition d'une feuille un quart ou une demi-feuille qui en fait ou non partie. Dans ce cas, on impose ordinairement de façon que l'intercalation se rencontre au centre de la feuille, et puisse en être détachée au besoin.

Interfolier. — Placer un feuillet de papier blanc entre tous les feuillets d'un volume imprimé. C'est la tâche du relieur.

Interlignes. — Lames de plomb de diverses longueurs et épaisseurs, qui se placent entre les lignes.

Introduction. — Elle précède le texte du livre, dont elle est parfois le premier chapitre. Dans ce cas on la compose en caractère semblable à celui du texte.

Italique. — Caractère incliné de gauche à droite, comme l'écriture.

Justification. — Son importance. Voir page 28.

Labeur. — On donne ce nom aux travaux qui présentent un certain caractère de durée, par opposition aux *ouvrages de ville,* qui d'ordinaire s'exécutent en peu de temps.

Lardée. — Se dit de toute composition où les petites, les grandes capitales, l'italique, les chiffres, etc., se rencontrent dans une proportion considérable. On dit : Cette composition est *lardée* de chiffres et de petites capitales.

Lettres de deux points ou Initiales. — Elles ont la forme des capitales. Jadis on en plaçait une, sans la renfoncer, au commencement du texte d'un volume ou de chacune de ses grandes divisions. Cette dénomination de *lettres de deux points* vient de ce que leur force de corps et d'œil est à peu près double de celle du caractère qu'elles accompagnent. — Ce sont ces lettres qui servent pour la composition des lignes de titres.

Lettrines. — Petites lettres supérieures dont on se servait jadis pour renvoyer aux notes ; elles sont remplacées aujourd'hui par des chiffres.

Lever la lettre. — Mouvement de la main qui compose. On dit d'un compositeur habile qu'*il lève* bien la lettre. Voir page 25.

Lézarde. — Petit accident naturel de la composition, qui résulte de la rencontre fortuite de blancs ou espaces se succédant sur un même point dans une série de lignes superposées, et qui a pour effet de produire un vide en ligne verticale ou diagonale désagréable à l'œil. On remédie à ce mauvais effet par un remaniement.

Ligne. — La ligne, selon sa nature, prend un nom qui lui est propre ; il y a la ligne de texte, la ligne de titre, la ligne de tête, la ligne de pied, la ligne perdue, la ligne de blanc, la ligne pleine, la ligne pointée, et enfin la *ligne à voleur.*

Long. — *Au long*, pour indiquer qu'un mot abrégé ou qu'un nombre exprimé en chiffres doit être mis en toutes lettres.

Manchettes. — Synonyme d'*additions*. Voir ce dernier mot.

Marbre. — Table recouverte d'une pierre dure polie ou d'une plaque de fonte, sur laquelle on impose et on corrige les feuilles.

Marges. — Parties blanches du papier qui entourent la page ; on distingue la marge de fond, la marge de tête, celle de pied, et la marge extérieure, qui est la plus grande.

Matériel. — L'ensemble des objets de toute nature qui composent un établissement d'imprimerie.

Matière. — Le mélange de plomb et de régule d'antimoine dont les caractères d'imprimerie sont formés ; on dit : *matière forte, matière dure, matière faible.* — On appelle aussi *matière* les caractères hors de service destinés à être refondus. — On emploie encore ce mot dans certains cas, pour signifier *texte* ou *copie.* On dit : *La matière fournira vingt lignes ; il y a dix lignes de matière.*

Matrice. — Empreinte en creux obtenue dans du cuivre à l'aide d'un poinçon d'acier.

Mise en pages. — Fonctions de la composition exécutées par le metteur en pages. Voir page 67.

Monter une casse. — C'est la dresser sur la partie du rang inclinée en pupitre. *Monter* se dit aussi de l'opération qui consiste à dresser et à terminer un tableau dont toutes les parties sont composées; *monter* un tableau.

Mordant. — Espèce de pince en bois qui sert à fixer les feuillets de copie sur le *visorium*.

Nombres. — Ils se figurent en chiffres ou s'expriment en toutes lettres, selon la nature de l'ouvrage. Ainsi dans certains livres spéciaux, où les nombres se représentent fréquemment, en statistique par exemple, il est préférable d'employer les chiffres, parce que les nombres sont alors plus apparents et plus aisément comparables.

Notes. — Il y a trois sortes de notes : celles qui se placent au bas des pages, celles qu'on reporte à la fin du volume et celles qui se mettent à la marge extérieure des pages; ces dernières, dont l'usage est presque abandonné aujourd'hui, reçoivent plusieurs dénominations : on les appelle indifféremment *notes marginales, additions*, ou *manchettes*. Les notes du bas des pages ont été longtemps séparées du texte par un filet maigre de toute l'étendue de la justification. Cet usage se perd; on se borne aujourd'hui à mettre un blanc assez fort entre l'un et l'autre pour prévenir toute confusion.

Œil. — Le relief même de la lettre. Il est des caractères qui diffèrent sous le rapport de l'œil, bien qu'ils présentent la même force de corps; de là ces dénominations de *onze gros œil, onze petit œil*, etc. Il faut, dans tous les cas, avoir soin de ménager l'*œil de la lettre*.

Onglet. — Un feuillet de deux pages, imprimé recto et verso; la moitié d'un quart ou carton; réimprimer deux pages d'un livre, pour une cause quelconque, c'est imprimer un *onglet*. On colle un onglet dans un volume pour remplacer deux pages fautives.

Opération. — Composition d'un caractère ordinairement plus

petit que celui du texte, et disposé d'une façon particulière, où il entre soit des chiffres, soit des accolades, de l'algèbre, etc.

Ouvrages de ville. — Ouvrages de toute nature, pour la ville, le commerce, l'industrie, le service des administrations publiques ou privées. Cette dénomination comprend toute espèce d'impressions autres que celle des volumes et ouvrages de long cours. Ils ne peuvent être exécutés que par des ouvriers qui font preuve d'habileté et de goût.

Page. — Assemblage de lignes déterminées, quant à leur longueur et à leur nombre, par le format du papier. On appelle *page longue* celle où la ligne de pied est remplacée par une ligne de texte; *page courte* celle dont on a été obligé de supprimer une ligne; *page blanche* celle qui ne comporte aucun texte.

Papiers. — Leurs noms et leurs dimensions. Voir page 102.

Paquet. — Un nombre quelconque de lignes composées et non mises en pages. Un *paquet* de composition, de distribution, d'italique, un *paquet* de longueur.

Paquetier. — Compositeur occupé uniquement à faire des paquets.

Parangonner. — Combiner dans une même ligne des caractères de corps différents, et les ajuster de manière qu'ils s'alignent entre eux. Voir page 116.

Pâté. — Mélange de lettres d'un même ou de plusieurs caractères, qui est le résultat d'un accident, d'une maladresse ou de la négligence. On dit : *Composer, distribuer un pâté; mettre une forme, une page, une ligne en pâte.* Dans tous les cas, le pâté doit être composé et distribué sur-le-champ. Un ouvrier assez peu soigneux pour avoir du pâté sur les tablettes de son rang s'expose à un blâme mérité.

Perdre. — Par opposition à *chasser* quand il s'agit des caractères entre eux. Un caractère *perd* sur un autre quand, pour la même quantité de mots ou de lignes, il occupe moins de place. Tel caractère *perd* sur tous ceux qui sont au-dessus de lui comme force de corps, et il *chasse* sur tous ceux qui sont au-dessous. — Se dit aussi d'un manuscrit dont l'écriture est plus large, moins minutée qu'une autre. Ce manuscrit *fait perdre,* c'est-à-dire produit moins.

Perles. — Petites vignettes, très-variées de dessin ; elles servent à former des ornements pour les têtes de pages et à établir des cadres de couvertures par diverses combinaisons ; elles sont fondues sur divers corps.

Piller une casse. — Prendre dans la casse du voisin une ou plusieurs sortes qui manquent dans la vôtre. C'est une action indélicate qu'il faut bien se garder de commettre ; elle est assimilée, avec raison, à un vol d'argent ; car le voisin a consacré son temps à distribuer, et le temps c'est de l'argent.

Piqure. — Ouvrage de peu d'étendue, ne formant qu'un petit nombre de feuilles que l'on pique sur la couverture au lieu de les brocher.

Placards. — Imposition particulière et provisoire d'une certaine quantité de composition, pour être lue et corrigée avant la mise en pages. — On appelle ainsi l'épreuve obtenue sur la partie de composition imposée de cette manière.

Plat. — On dit *le plat de la couverture* pour désigner la page qui contient le titre, et la distinguer de l'autre page qu'on appelle *revers.*

Poésie. — Voir les dispositions qui lui sont particulières, page 46.

Poinçon. — Tige d'acier qui porte à l'une de ses extrémités la gravure en relief d'une lettre. C'est à l'aide du poinçon qu'on obtient la matrice en creux dans laquelle la lettre est fondue.

Point typographique. Voir page 14. — Gros point. — Il se distingue du point ordinaire parce qu'il est fondu sur le demi-cadratin du corps auquel il appartient. Il sert dans les tableaux.

Police. — Liste de toutes les lettres et de tous les signes, chiffres, capitales, petites capitales, etc., qui forment l'ensemble complet de ce qu'on appelle *un caractère,* avec l'indication de la proportion de chaque lettre à fondre pour un poids déterminé.

POLYAMATYPIE, POLYAMATYPE. — Procédé, dû à M. Henri Didot, pour fondre d'un seul coup plusieurs fois la même lettre. Il est à peu près abandonné aujourd'hui et remplacé par les procédés mécaniques, beaucoup plus expéditifs encore.

PONCTUATIONS. — Leur caractère particulier. Voir page 120.

PONT DE HAUTEUR. — Plaque épaisse de cristal, munie de deux tiges écartées ayant la hauteur du caractère; une petite règle en cristal ou en fonte, superposée et fixée sur ces deux tiges, forme pont; c'est sous ce pont qu'on fait passer les bois gravés et les clichés, soit pour en réduire la hauteur, soit pour l'augmenter si elle n'est pas exactement conforme à celle du caractère. Si le bois présente trop de hauteur, on s'en prend à sa partie inférieure qu'on réduit à l'aide du rabot; si au contraire il est trop bas, on y applique une ou plusieurs épaisseurs de papier.

PORTE-PAGE. — Papier plié en plusieurs épaisseurs, sur lequel on dépose les paquets de composition.

PREMIÈRE TYPOGRAPHIQUE. — Nom donné à l'épreuve lue pour la première fois par le correcteur de l'imprimerie.

PREMIÈRE D'AUTEUR. — L'épreuve d'un travail ou d'une feuille envoyée pour la première fois à l'auteur; les épreuves suivantes prennent, selon leur ordre, le nom de *deuxième, troisième d'auteur,* etc.

PROTE. — La personne chargée de diriger les travaux et le personnel d'une imprimerie. Les employés et ouvriers des diverses catégories sont sous sa direction; c'est lui qui admet dans les ateliers les ouvriers et renvoie ceux qui font preuve d'incapacité ou d'inconduite. Dans certaines imprimeries il y a un SOUS-PROTE, qui supplée le prote dans ses diverses fonctions; c'est à lui qu'incombent ordinairement les soins multiples du matériel.

QUEUE. — Le blanc resté au bas d'une page incomplète. On dit qu'un livre, un chapitre se termine par une *queue*.

RAMETTE. — Châssis sans barre séparative intérieure.

RANG. — Sorte de pupitre élevé sur des tréteaux, où l'on monte la casse; la partie inférieure est garnie de tablettes où le compositeur dépose les pages de composition et les divers objets à son usage. Il y a des *rangs d'une casse*, et des *rangs de plusieurs casses.*

RATTRAPAGE. — La fin d'un alinéa qui complète une composition et qui se trouve sur le premier feuillet de la copie suivante. *Demander, faire son rattrapage.*

RAYON. — Grand casier horizontal dans lequel on place les casses qui ne servent pas.

RÉCLAME. — Marque sur la marge de la copie, pour indiquer à la fois l'endroit où finit une feuille mise en pages et où commence la feuille suivante. *Vérifier, indiquer la réclame.*

REGAGNER. — Faire rentrer dans une limite donnée une copie qui la dépasse, ce qui s'opère soit en employant un caractère plus petit, soit à l'aide de remaniements ou de réduction des blancs. *On regagne une page, une ligne, un mot*, etc.

REGARD. — C'est placer une page à côté d'une autre page; une page dont le folio impair est en regard d'une page de folio pair; on place une gravure en regard du titre. Dans les éditions à deux colonnes, s'il s'agit d'une traduction, elle occupe la première colonne, et le texte original est placé *en regard* dans la seconde. Quelquefois on fait l'inverse.

RÉGLETTE. — Petite règle qu'on emploie dans l'établissement des garnitures. La *réglette* de longueur est spéciale au metteur en pages. Voir le chapitre relatif à la mise en pages.

REMANIER. — Faire repasser dans le composteur un certain nombre de lignes pour les justifier à nouveau, par suite d'additions ou de suppressions.

Renfoncement. — Une ou plusieurs lignes rentrées dans la justification, et qui ne s'alignent pas avec la composition. Synonyme de *rentrée*.

Rentrure. — Cliché en plomb destiné à être tiré en plusieurs couleurs. On le reproduit autant de fois qu'il y a de couleurs à imprimer ; chacun des exemplaires n'est utilisé que pour une couleur, après lui avoir enlevé préalablement toutes les lignes ou tous les mots qui doivent être imprimés d'une couleur différente. Chaque cliché ainsi châtié prend le nom de *rentrure*, parce qu'à l'impression ces lignes ou mots doivent rentrer les uns entre les autres.

Renvoi. — Un signe quelconque fait en vue d'appeler l'attention et de prévenir le lecteur qu'il y a sur ce point une correction ou une intercalation à faire, et qu'il doit se reporter sur un autre point du manuscrit ou de l'épreuve, là où le même signe est reproduit.

Report. — Un alinéa, une ligne, un mot, reportés d'une feuille ou d'une page à une autre. *Il faut reporter plusieurs lignes à la page suivante.*

Retiration. — Impression du second côté de la feuille de papier.

Révision. — Épreuve donnée au moment de la mise sous presse, pour s'assurer de l'exactitude des dernières corrections.

Serrage. — Action de serrer les formes.

Serrer. — C'est diminuer les blancs qui se rencontrent dans une page, dans un titre ; c'est, dans la composition des lignes, remplacer des espaces fortes par de plus minces, afin de rapprocher les mots. *Serrer* se dit aussi de l'action de faire avancer les coins d'une forme avec le marteau : *Serrer une forme.*

Signature. — Chiffre placé au bas de la première page de chaque feuille, ou de chaque cahier d'une feuille, et qui indique son numéro d'ordre dans le volume.

Sommaire. — Sous-titre développé, qui accompagne les titres des livres, des chapitres ou autres divisions d'un ouvrage. Il se place au centre de la justification quand il ne fait qu'une ou deux lignes ; au delà de ce nombre, il y a deux manières de le présenter, soit en alinéa, en renfonçant d'un cadratin la première ligne, soit en faisant le contraire, c'est-à-dire la première ligne pleine et toutes les autres renfoncées d'un cadratin. Cette dernière méthode, plus généralement suivie, a donné son nom aux compositions dites *en sommaire,* par opposition à celles qui se font en alinéa. Quand les sommaires sont courts, ils se composent en petites capitales ou en italique ; dans tous les cas on emploie un caractère sensiblement plus petit que celui employé pour le texte.

Sortie. — Ligne plus longue que la justification, qui fait saillie dans la garniture, et qui oblige à un parangonnage dans cette garniture. Quand, dans les vers, il s'en présente un trop long, la sortie se fait au bout de la ligne. Si c'est dans un titre qu'on est forcé de la pratiquer, elle est double, et la différence en trop doit être reportée également à droite et à gauche de la ligne.

Sources. — Nom donné aux notes par lesquelles l'auteur fait connaître les ouvrages qu'il a consultés et où il a puisé ses renseignements. On dit : L'auteur a pris le soin d'indiquer ses *sources.*

Strophes. — Couplets ou stances d'une ode ou d'une pièce de poésie. Elles doivent être séparées entre elles par une ou plusieurs lignes de blanc, mais toujours d'une manière uniforme. Cependant il vaut mieux quelquefois faire varier ce blanc que de couper une strophe d'une page à la page suivante.

Stéréotypie. — Voir au mot *Clichage.*

Supérieures (lettres). — Il existe dans chaque caractère des lettres d'un œil très-petit, fondues à l'extrémité du talus supérieur de la tige ; elles s'alignent avec le caractère par le haut, et ne servent le plus souvent que comme signe d'abréviation.

Surcharges. — Toutes les parties en caractères plus fins, telles que sommaires, notes, épigraphes, parangonnages, tableaux, opérations, corrections. Les surcharges comprennent toutes les difficultés qui motivent l'augmentation du prix de composition établi pour un texte uniforme.

TABLE. — Résumé plus ou moins succinct d'un ouvrage; tantôt la table n'est que l'énumération des diverses parties dont il se compose, tantôt elle est analytique et offre le tableau complet de tous les sujets dont il traite. Quand un ouvrage fait plusieurs volumes, chacun d'eux doit avoir à la fin sa table particulière. Les tables se composent toujours en caractère sensiblement inférieur à celui du texte, et doivent commencer en page *recto*. Lorsqu'elles présentent une certaine étendue, on les dispose à deux colonnes. Les articles se composent indifféremment en alinéas ou en sommaires. Le mot qui commence l'article, et qui en fait le sujet, doit être en petites capitales ou en italique. On sépare les colonnes soit par un filet maigre, soit par un simple blanc.

TABLEAUX. — Sous cette dénomination générique on comprend tous les ouvrages, quelles que soient leurs dimensions, qui comportent des colonnes à filets, à accolades, tels que registres, états, tarifs, prix courants, factures, etc.

TALUS de la lettre. — Le petit biseau qui se trouve sous l'œil de la lettre, et le laisse se détacher entièrement.

TAQUER. — Opération qui précède le serrage des formes; elle consiste à promener sur l'œil des pages un petit morceau de bois sur lequel on frappe à l'aide du marteau pour niveler les caractères sur le marbre.

TAQUOIR. — Petit morceau de bois de quinze centimètres sur dix environ, dont l'épaisseur est formée de deux pièces : la partie supérieure en bois dur, l'autre en bois tendre; on s'en sert pour taquer les formes.

TÊTES. — Le texte qui occupe la partie supérieure des colonnes d'un tableau, et indique la nature ou le nombre des objets mentionnés dans cette colonne.

Têtes ou Têtières. — Les garnitures qui se placent en tête des pages.

Texte. — Nom donné à la matière qui fait le fond d'un ouvrage et en est la partie dominante, pour la distinguer des parties éventuelles, telles que notes, opérations, citations en plus petit caractère. On dit : *C'est la justification du texte.* — Pris dans une autre acception, le mot texte est synonyme d'*original.* On place la traduction en regard du *texte.*

Tierce. — Épreuve donnée sous presse pour vérifier, avant le tirage, si les corrections ont été faites avec exactitude. On la nomme ainsi parce qu'elle est la troisième des épreuves typographiques, abstraction faite de celles qui ont pu être vues par les auteurs ou éditeurs. La tierce est souvent suivie d'une autre épreuve qu'on appelle *révision :* c'est une contre-vérification des dernières corrections.

Tiret. — Nom donné au petit trait horizontal appelé moins. Par extension on dit également d'un filet maigre prolongé : C'est un *tiret,* mettre un *tiret.*

Titre ou Frontispice. — Page qui se place au commencement d'un volume pour faire connaître la matière dont il traite. Il y en a de plusieurs genres.

Titre courant. — La ligne en petites ou en grandes capitales que l'on place en tête de chaque page : tantôt elle reproduit tout ou partie du titre, et court sur tout le volume ; tantôt le titre du livre ou du chapitre. Dans les ouvrages dramatiques, elle indique l'acte et la scène. Voir pages 78 et 79.

Tomaison. — Numéro d'ordre qui se place à gauche, dans la ligne de pied de la première page de chaque feuille, pour indiquer à quel tome cette feuille appartient.

Trait d'union. — Voir le mot *Division.*

Typographe. — Celui qui exerce la profession d'imprimeur en lettres.

Typographie. — Art qui embrasse la série complète des opérations relatives à la fabrication et à l'emploi des caractères pour arriver par l'impression à produire un livre.

Typomètre. — Instrument de précision dont on se sert en fonderie pour s'assurer si les lettres sont bien de hauteur de papier, de ligne et de force de corps.

Variante. — C'est la reproduction d'une idée ou d'un même texte sous une forme différente. Les poëmes et les ouvrages dramatiques sont quelquefois accompagnés de *variantes.* Elles peuvent prendre la forme de notes et se placent au bas des pages. Lorsqu'elles présentent de l'étendue, on les reporte à la fin, en caractères de notes.

Vignette. — Nom générique des ornements typographiques. Il existe des vignettes sur un grand nombre de corps. Quelques-unes sont fondues de manière à être combinées pour les utiliser ensemble ou séparément, et permettre de multiplier le dessin des encadrements.

Violon. — Galée dont la proportion excède en longueur la dimension ordinaire; elle sert plus spécialement à la mise en pages.

Visorium. — Petit instrument en bois qui sert à maintenir les feuillets de copie sous les yeux du compositeur. C'est une espèce de règle plate sur laquelle on place et maintient les feuillets à l'aide d'une pince en bois dite *mordant ;* sa partie inférieure, plus saillante, a pour effet de les arrêter par en bas; il se termine par une pointe en fer qui sert à le fixer dans un trou pratiqué sur la bordure de la casse.

FIN DU VOCABULAIRE.

TABLE

FIN

PARIS. — J. CLAYE, IMPRIMEUR, RUE SAINT-BENOIT, 7.

LIVRES UTILES A CONNAITRE

Ouvrages didactiques

MANUEL TYPOGRAPHIQUE, 1 volume in-18, par BRUN.

TRAITÉ DE LA TYPOGRAPHIE, 1 vol. in-8°, 3e édition, par HENRI FOURNIER.

GUIDE DU COMPOSITEUR D'IMPRIMERIE, 1 volume grand in-8°, par THÉOTISTE LEFEVRE.

GUIDE DU CORRECTEUR ET DU COMPOSITEUR, 1 volume in-12, par TASSIS.

CODE ORTHOGRAPHIQUE, 1 vol. in-12, par A. HÉTREL.

Ouvrages historiques

DE L'ORIGINE DE L'IMPRIMERIE ET DE SES DÉBUTS EN EUROPE, 1 volume in-8°, par AUGUSTE BERNARD.

ESSAI SUR LA TYPOGRAPHIE, 1 volume in-8°, par AMBROISE FIRMIN DIDOT.

ÉTUDES PRATIQUES ET LITTÉRAIRES SUR LA TYPOGRAPHIE, 1 volume in-8°, par G.-A. CRAPELET, imprimeur.

HISTOIRE DE L'IMPRIMERIE, 2 volumes grand in-8°, par PAUL DUPONT.

www.ingramcontent.com/pod-product-compliance
Lightning Source LLC
Chambersburg PA
CBHW071957090426
42740CB00011B/1977

9782014499063